Ich schenk dir eine Blume

Ich schenk dir eine **Blume**

Worte, die glücklich machen

HERDER

FREIBURG · BASEL · WIEN

Herausgegeben von German Neundorfer

Hanna Buiting

Hermann Glettler

Anselm Grün

Burkhard Heidenberger

Hugo von Hofmannsthal

Franz Kafka

Susanne Niemeyer

Yarito Niimura

Novalis

Wolfgang Öxler

Rainer Maria Rilke

Joachim Ringelnatz

Johann Roth

Nina Ruge

Beatrice von Weizsäcker

Ying-an

Zhuang Zi

Teresa Zukic

Vorwort

Was ist das Geheimnis der Blume? Warum fühlen wir uns von ihr so angezogen? Warum schenken wir Menschen, die wir lieben und denen wir Freude bereiten möchten, Blumen? Blumen in schier unendlichen Variationen, je nachdem, was wir mit den Blumen erzählen wollen?

Gerade unsere Zeit empfinden wir als von Krisen geprägt. Bedrohungen umgeben uns, manchmal sehr konkret, doch in vielen Fällen merkwürdig diffus und kaum fassbar. Und je unfassbarer sie uns erscheinen, desto mehr verdunkeln sie unseren Blick. Das Licht schwindet, und wir erblinden für die Welt um uns herum und schließlich auch für die Welt in uns. Wie kann eine Blume uns hier helfen?

»Die Erde ist eine Blume, die die Schönheit des Himmels in sich trägt«, schreibt Anselm Grün, der uns dazu einladen möchte, die Erde als himmlische Gabe zu erkennen und über die Schöpfung zu staunen. Warum bezeichnet er die Erde als Blume? Eine Blume kann mit ihrer Schönheit unseren Blick verändern. Das bunte Leuchten der Blume kann in unser Leben dringen und ihm neue Farbe verleihen. Und mit der Blume verbunden ist auch das Besondere des Augenblicks. Ihr Blühen gilt dem Jetzt und lässt uns den Augenblick in seiner ganzen Tiefe erleben.

Teresa Zukic weiß: Unser Leben beginnt jetzt. Immer wieder jetzt. Es ist an uns, dieses Leben als Geschenk begreifen und dieses Geschenk auch annehmen, es in uns zum Blühen zu bringen. Dazu müssen wir uns dem Augenblick öffnen wie eine Blüte dem Licht.

Was ist das Geheimnis der Blume? Vielleicht lautet eine Antwort: Sich öffnen für eine neue Zeit. Dazu möchte ich Sie, liebe Leserin, lieber Leser, herzlich einladen.

German Neundorfer

Inhalt

Die weiße Blütenpracht –
Im Garten des Lebens

Ich möchte dir ein Liebes schenken –
Das Wunder der Gabe

Das richtige Wort – Vertrauen lernen

Anhang

**Der erste
Schritt ist der wichtigste**
Ins Offene finden

Der Beginn liegt bei dir selbst.
Bei einer Reise, die tausend Meilen weit reicht,
ist der erste Schritt der wichtigste.

Ying-an

Du stellst meine Füße in weiten Raum (nach Psalm 31,9)

Wolfgang Öxler

Weiter Raum ist für mich da, wo der Blick unendlich in die Ferne schweifen kann. Ich liebe Panoramawege. Beim Gehen wird es auch im Inneren weit. Auch was die Gedanken angeht, braucht es Weite. Wir tun gut daran, sie nicht einzuengen, sondern unseren Horizont stetig zu *erweitern*.

Das Psalmwort lädt ein, alles Enge, Engstirnige hinter sich zu lassen: Beziehungen, die abhängig machen, Besitz, der erdrückt, Gewohnheiten, die mir die Luft zum Atmen nehmen. Alle Enge möge der Weite, alles Engherzige dem Weitherzigen weichen. Schon der Gedanke an den freien Raum eröffnet uns im wahrsten Sinne des Wortes Spiel-Raum und Entfaltungsmöglichkeiten. Es ist nicht alles von vornherein festgelegt.

Einer Hoffnung wieder Raum zu geben, die so oft schon enttäuscht wurde, braucht Mut und Kraft.

Der Psalm spricht vom weiten Raum. Er nimmt uns auf, mit all unseren Fragen und Zweifeln. Wo aus menschlicher Sicht alles am Ende scheint, da zeigt er Auswege, da schafft er neuen Lebensraum. Die Worte des Psalms trösten, ohne zu vertrösten, und geben uns zugleich Weite und Geborgenheit. Gott stellt unsere Füße täglich in einen weiten Raum. Sein Wort holt uns aus der Enge des Alltags, befreit uns von unseren Zwängen und immer gleichen Verhaltensmustern. Es reißt uns aus dem Netz heraus, welches nicht nur unsere Feinde ausgeworfen, sondern in das wir uns auch selbst verstrickt haben.

Diese Offenheit und Freiheit bedeutet, dass ich in Bewegung bleiben soll auf ein Ziel hin. Es ist ein Wort des Vertrauens, wenn Wege schmal und Räume eng werden; ein Wort zum Durchatmen und Ausstrecken: »Du stellst meine Füße in weiten Raum.« Dieser Raum beflügelt meine Sehnsucht.

Dankbarkeit weitet unser Herz. Wer dankbar ist, hört auf, gegen sich und sein Schicksal zu rebellieren, und fängt an, die Welt mit anderen Augen zu sehen. Dadurch fühlen wir uns unbeschwerter und glücklicher. In Krisen kann bewusstes Dankbarsein wirken wie eine Medizin. Es ist eine gute und heilsame Übung, für sich selber eine Danklitanei zu verfassen. Das Staunen über die Geschenke des Lebens lässt unser Herz weit werden. Ein liebender Rückblick auf vielleicht drei Ereignisse des Tages, welche mir Ermutigung, Trost und Freude waren, bereichert mein tägliches Leben. Das Maß an Dankbarkeit bestimmt das Maß meiner Lebendigkeit. Undankbarkeit und Unzufriedenheit sind zwei Seiten einer Medaille. Danken hingegen richtet das Herz wie an einem Kompass aus und heilt, was an Verletzung da ist. Wer dankbar lebt, dessen Füße werden in weiten Raum gestellt.

Geh' ins Blaue

Susanne Niemeyer

Einmal wolltest du die Welt erobern und das Glück
dazu. Hundert Jahre saßt du an deinem Schreibtisch,
hundert Jahre träumtest du davon, was man alles
tun könnte, hundert Jahre putztest du deine Fenster,
damit die Sonne hereinkäme, denn du kamst nicht
hinaus.

Am hundertersten Morgen öffnest du die Tür, und
der Verkehr rauscht, Mülltonnen stehen am Stra-
ßenrand, und du brichst auf.

Einen kleinen Rucksack hast du dabei, ein bisschen
Geld und die Schuhe an deinen Füßen. Du denkst an
die Märchenhelden deiner Kindheit, die in die Welt
zogen und das Glück suchten, Erlösung oder die Liebe, sie zogen los, um das Fürchten kennen zu lernen
oder etwas Besseres als den Tod. Sie ahnten, dass
das Leben draußen spielt und dass ein Weg mehr
Entdeckungen bereithält als ein Sofa. Also lässt du
die Straßenschluchten hinter dir und die Einkaufs-

listen auch, die Wolken lässt du ziehen und die Gedanken dazu.

Als die Stadt endet, folgst du den Feldwegen. Mohn-
blumen nicken dir entgegen, die Gerste ist gelb, und
du überlegst, wie viele Kornsorten deines morgend-
lichen Sechskornbrotes du wohl erkennen würdest.
Manchmal überholst du Ameisen, mit den Augen
folgt du Drosseln und einem Habicht. Einmal misst
du deinen Schritt mit dem Sprung eines Grashüp-
fers und staunst, dass ihr Kopf an Kopf liegt.

Du fühlst dich wie ein Ausbrecher, der entwischt ist.
Das Handy liegt zu Hause. Niemand soll fragen: Wo
bist du gerade? Du bist frei. Du gehörst nicht der
Angst, die wispert: Und wenn dir was passiert? Du
gehörst nicht der Pflicht, die mahnt: Und wann erle-

digst du deine Aufgaben? Auch der Trägheit gehörst du nicht, die dir einreden will, dass das hier sinnlos ist. Du gehörst dir und diesem Tag. Du folgst keinem Zweck, du hast kein Ziel. Du willst weder abnehmen noch deiner Gesundheit auf die Sprünge helfen, und einen Schrittzähler hast du auch nicht dabei. Du gehst, weil du Füße hast. Und du neugierig bist, wohin sie dich tragen.

Deine Gedanken lässt du laufen, sie tollen herum wie kleine Hunde. Es war höchste Zeit, sie von der Leine zu lassen, denn wie sollen sie Spaß haben und Neues entdecken, kurz gehalten auf immer gleichen Pfaden? An einem Baum findest du kleine Zeichen, ein weißes Kreuz, einen roten Punkt. Der Fernwanderweg E1. Den kennst du, weil du ihn schon in Schweden und in Ligurien gegangen bist. Plötzlich siehst du Birkenwälder und einen italienischen Markt. Du malst dir aus, wie in diesem Moment auf demselben Weg zweitausend Kilometer südlich ein anderer geht. Die Welt ist groß, aber nicht größer als mit deinen Füßen erreichbar. Schritt für Schritt

näherst du dich dem Mittelmeer oder dem Nord-
licht, und auch wenn du heute nicht dort ankommen
wirst, weißt du: Es geht. Geh in das Land, das ich dir
zeigen werde. Milch und Honig werden dort fließen,
und du glaubst an dieses Versprechen. Die Welt ist
weiter, als du siehst, und dein Weg verheißt mehr als
das, was vor der nächsten Biegung liegt.

Am Abend steigst du in einen Bus und fährst nach
Hause. Das Abendessen wartet und der Schreibtisch auch, nur die Wände haben sich verschoben
und die Luft im Zimmer riecht nach Feigenbäumen.

Unser bestes Leben beginnt jetzt

Schwester Teresa

Was waren die drei glücklichsten Momente Ihres Lebens? Was war das für ein Gefühl? Mit wem konnten Sie sie teilen? Was dachten Sie dabei? Wie haben Sie reagiert?

Lange habe ich selbst darüber nachgedacht, bevor ich nach diesen Fragen einfach weiterschreiben konnte. Und jedes Gespräch mit meiner Gemeinschaft darüber endete in bewegenden Erinnerungen, Anekdoten und großartigen Bildern, die sich im Inneren auftaten, von eindrucksvollen Geschehnissen, bereisten Ländern, Orten, Städten oder Sehenswürdigkeiten, verbunden mit freudigem Lachen und beschwingtem Wohlbefinden. Ich bin fast unfähig, mich auf drei großartige Momente oder Ereignisse festzulegen. Mein ganzes Leben war erfüllt von beeindruckenden, freudigen, anerkennenden, glückseligen Augenblicken von Freude und Begeisterung.

Waren es die Premieren meiner Musicals, jedes fertige Buch, das in meinen Händen lag, meine Sporterfolge, Gänsehautgottesdienste in überfüllten Kirchen, TV-Auftritte oder Standing Ovations bei kleinen oder großen Vortragsveranstaltungen oder der Anruf, dass ich mit dem Bundesverdienstorden ausgezeichnet werden sollte? Ebenso denke ich an innige, zärtliche Momente, in denen ich Menschen in ihren Lebensnöten helfen konnte, und ihre überschwänglichen Reaktionen, die mich selbst erschütterten, denn ich wusste ja: Da hatte Gott Seine Finger im Spiel. Ich war nur Werkzeug und zum richtigen Zeitpunkt am richtigen Ort gewesen, hatte einen kreativen Einfall oder spürte die Kraft von Gebeten und guten Worten.

Wenn ich eine kleine Auswahl der Momente der größten Lebensfreude treffen soll, sind die Tage meiner Bekehrung und meiner Taufe als 18-Jährige ganz vorn dabei. Erfüllt und überwältigt drehte ich mich nach meiner Taufe zu den Kirchenbesuchern um und rief laut: »Ich werde ewig leben, und ihr könnt einfach so sitzen?« Die Freude hatte mich übermannt. Oder der unvergessene Moment im Quizspiel bei Jörg Pilawa mit meinem treuen Pfarrer Franz, als wir die »100 000-Euro-Frage« richtig beantwortet hatten. Ich sprang vom Stuhl und umarmte ihn und später am Bahnhof schauten wir uns nur minutenlang an, unfähig ein Wort rauszubringen. Ein Jahr vorher hatte ich zu Gott gebetet: »Wenn Du mal was übrig hast, denk bitte mal an mich.« Nun war mir klar, dass der Anruf der Castingfirma und dieser großartige Gewinn auch auf Sein Konto gingen. ER wusste, wer was übrig hatte: die Quizshows.

Tja, und dann der Umschlag, den mir Pfarrer Franz am 5. August 2004 an meinem 40. Geburtstag in London beim Mittagessen überreichte, in Begleitung von Schwester Claudia und meiner Mama, der das Schreiben beinhaltete, dass mir der »Kulturpreis für Musik und Gegenwartsliteratur« vom Kreistag Bayreuth verliehen werden würde. Meine erste öffentliche Auszeichnung für mein unermüdliches Engagement. Das waren Augenblicke größter Lebensfreude, die mir auch heute noch Freudentränen in die Augen treiben. Sich Momente der Rührung in Erinnerung zu bringen, ist eine wunderbare Methode, neuen Lebensmut zu bekommen, wenn wir uns in schweren und dunklen Abschnitten unseres Lebens befinden. In schönen Erinnerungen zu schwelgen, von großartigen Momenten zu zehren, kann uns Lebenskraft und gute Laune zurückbringen. Gleichzeitig trainieren wir unser Gehirn. Und unglaublich, welche Details uns dabei einfallen können. Dinge, die tief verschüttet schienen. Das praktizieren wir gerne an Silvester, wenn wir mit lieben Freunden feiern und dann kurz vor Mitternacht jeder nennen sollte, was das schönste Erlebnis in diesem Jahr war, das zu Ende geht. Da spürten wir oft, wie vollgepackt und gesegnet so ein Jahr unseres Lebens war.

Vor allem während meiner Krebserkrankung im Krankenhaus erinnerte mich mein guter Franz, der oftmals in meinen schlaflosen Nächten mit mir chattete, an wunderbare Erlebnisse unseres Lebens. Da wurde es mir warm ums Herz und ich schlief beglückt ein.

Als mir Dr. Jalid persönlich über Videochat das Ergebnis des Befundes vom CT kurz nach der Chemo überbrachte, dass ich krebsfrei sei, tanzte ich in meinem Bett. Ich wollte die ganze Welt umarmen. Es würde tatsächlich eine »Teresa 2.0« geben. Noch glatzköpfig strahlte ich in mein Handy, teilte das Video völlig überwältigt und aufgelöst in den Netzwerken und an meine Freunde weiter. Jetzt würde wirklich jeden Morgen, wenn ich aufwachte, der schönste Tag in meinem Leben beginnen. Sich über das Leben zu freuen und es zu genießen, war jeden Tag möglich. Nicht nur an schönen, hellen, gesunden, glücklichen Tagen, sondern immerzu. Ganz gleich, wie er verläuft. Ob wir gerade arbeiten oder frei machen, glücklich oder schlecht gelaunt sind. Ja, selbst wenn wir krank oder genervt sind, der Tag hat auch viele gute und schöne Momente. Der Sinn des Lebens ist es, so sehe ich es nun, in jedem Augenblick so zufrieden wie möglich zu leben.

Das wünsche ich Ihnen so sehr. Warten Sie nicht auf Ihre Rente, auf das Ende Ihrer Krankheit, auf den Urlaub, auf das Wochenende! Leben Sie heute. Genießen Sie jeden Tag mit allen Sinnen. Fangen Sie jetzt damit an. Hören Sie auf, das Leben aufzuschieben, denn dann ist es verloren, Sie geben es aus der Hand. Der heutige Tag kehrt nie wieder. Goethe sagte: *Jeder Zustand, jeder Augenblick ist von unendlichem Wert, denn er ist der Repräsentant einer ganzen Ewigkeit!*

Interessant finde ich die Ergebnisse einer Studie der Universität Harvard. Bei dieser Studie wurden 7000 Menschen neun Jahre lang begleitet. Man wollte untersuchen, ob soziale Isolation das Sterblichkeitsrisiko erhöht. Die Forscher fanden heraus, dass Menschen, die in großer sozialer Isolation lebten, eine dreimal so hohe Sterblichkeitsrate hatten wie Menschen, die intensiv in Beziehungen eingebunden waren. Und selbst Menschen mit ungesunden Lebensgewohnheiten wie Rauchen oder schlechten Essgewohnheiten, die aber sozial stark eingebunden waren, lebten deutlich länger als Menschen mit gesundem Lebensstil, die einsam lebten. Mein persönliches Fazit aus dieser Studie bringt meine Zuhörer immer zum Schmunzeln: Lieber mit guten Freunden Schokoladenkuchen essen als allein Rosenkohl!

Was war das Positivste der letzten Stunde heute? Vielleicht diese Zeilen. Gewiss aber das Lächeln, das Sie mir oder jemandem, den Sie lieben, jetzt in Gedanken schicken könnten.

Herr, lass mich
mein bestes Leben
jetzt beginnen.

Mit allen Sinnen den Sinn erspüren

Wolfgang Öxler

»Unser Gespräch geht mir nicht mehr aus dem Sinn«, »Liebe macht blind«, »Das Auge isst mit« — häufig gebrauchen wir Sprachbilder, welche mit unseren Sinnen zusammenhängen. Unsere Sinne werden geradezu bombardiert mit Eindrücken: Ständig gibt es etwas zu hören, zu sehen, zu fühlen, zu schmecken, zu (be-)greifen, sodass die kleinen, unscheinbaren Dinge und Momente des Lebens darin förmlich unterzugehen drohen. Dauerlärm, Alkohol und Stress beeinträchtigen unsere Sinne merklich.

»Effata — öffne dich!« Mit diesen Worten berührt Jesus einen Menschen, dessen Gehör geschädigt ist. Die Bibel spricht von einem »Taubstummen«. Jesus nimmt diesen Menschen bewusst von der Menge weg, weil Heilung oftmals eine Distanz zur Geräuschkulisse des Alltags und den gewohnten Lebensmustern braucht. Weg vom Lärm und hinein in die Stille. Wir sind vielleicht nicht taub, aber wir hören oft nur noch das, was wir zu hören gewohnt sind. Jesus berührt diesen leidenden Menschen. Glaube vollzieht sich nicht nur im Kopf, sondern muss unter die Haut gehen. Durch die Berührung geschieht Heilung. BeSINNung ist keine Denkleistung, sondern die Bereitschaft, sich auf das einzulassen, was durch unsere Sinne in uns eingeht. Es kommt im Leben nicht so sehr auf das an, was bei unserem Tun herauskommt, sondern darauf, was in uns Platz findet. Wer all seine Sinne wie Antennen ausfährt, (er-)lebt bewusster, fühlt sensibler, schmeckt intensiver, sieht, riecht und hört aufmerksamer. »Höre mit den Ohren des Herzens«, so beschreibt der heilige Benedikt dieses tiefe Hören.

Das Wort »Sinn« hat mehrere Bedeutungsebenen. Der »Sinn des Lebens« braucht die Erfahrung, dass ich mich als wertvoller Mensch begreife und weiß, wofür ich lebe. Wer an die Gottesfrage herangeht, muss seine »Sinne« schärfen. Es geht nicht allein darum: Was kann *ich* durch den Einsatz meiner fünf Sinne erreichen, sondern auch: Was kann *mich* durch die Sinne erreichen? Gott kommt vor allem über unsere Sinne zu uns. Es geht nicht um Wissen, sondern um Erfahrung. Der heilige Ignatius von Loyola benennt dies mit den Worten: »Nicht das viele Wissen sättigt die Seele, sondern das Verkosten der Dinge.« So wird Gott erblickt, erhört, erspürt ... Es geht darum, das Leben mit allen Sinnen wahrzunehmen. Man kann den Sinn des Lebens auch überhören. Auszeiten wie etwa im Kloster tun gut und helfen, unsere Sinne zu schärfen. Meditation und Stille lassen uns mit unserer Seele in Berührung kommen und geben der Frage Raum: Nicht, wovon lebe ich, sondern, wofür lebe ich?

Das Wort Sinn kommt vermutlich vom althochdeutschen Wort »sinnan« und bedeutet so viel wie »unterwegs sein«. Wenn uns die Suche nach Sinn keine Mühe kostet, dann haben wir uns auch nicht wirklich auf den Weg gemacht.

Die Glocke

Zhuang Zi

Der Zimmermann Qing bearbeitete Holz, um einen
Ständer für Glocken zu erstellen. Kaum war er mit
seinem Werk fertig, da ergriff alle, die es sahen, ein
großes Staunen, denn sie hielten es für eine Arbeit
der Götter. Auch der Fürst von Lu sah es sich an und
befragte seinen Schöpfer: »Nach welcher Kunst seid
Ihr verfahren?« Und er erhielt die folgende Antwort:
»Ich bin nur ein Handwerker, welcher Kunst sollte
ich mich daher bedienen können? Doch ist da eine
Sache, die ich zu bedenken geben möchte. Als ich
mich anschickte, den Ständer zu erstellen, wagte ich
nicht, meinem Odem Schaden anzutun. So hatte ich

zu fasten, damit mein Geist ruhig wurde. Nach drei Tagen des Fastens wagte ich nicht mehr, nach Würden und Rängen zu trachten. Nach fünf Tagen des Fastens, da wagte ich nicht mehr, nach Kritik oder Lobpreis zu trachten. Und nach sieben Tagen des Fastens war ich reglos, wusste nichts mehr von meinen vier Gliedern, von meiner Gestalt und von meinem Leib. Da verlangte es meinen Sinn nicht nach Euch und dem Hof. Ich konnte mich auf meine Geschicklichkeit konzentrieren und die flüchtige Welt Welt sein lassen. So ging ich in die Bergwälder und schaute mir die Natur von allem an, was da wächst, kreucht oder fleucht. Als sie vor mir ihre sichtbar vollkommene Gestalt annahm, da erschien mir der Glockenständer. So begann ich mein Werk. Hätte ich die Natur der Dinge nicht erkannt, so hätte ich von meiner Arbeit lassen müssen. Also fügte sich Natur zu Natur. Nur deshalb meinen die Leute, das Werk stamme von den Göttern. Dem ist aber nicht so!«

Die weiße Blütenpracht

Im Garten des Lebens

An Ästen, die sich neigen,
Und braun und dunkel schweigen,
Springt auf die weiße Blütenpracht
Und lacht und leuchtet durch die Nacht
Und bricht der Bäume Schweigen,
Dass sie sich rauschend neigen
Und rauschend ihre Blütenpracht
Dem dunklen Grase zeigen!

Hugo von Hofmannsthal

Mein Garten der Fülle

Nina Ruge

Mein Garten der Fülle! Hunderte Schattierungen von Grün, darüber goldene Schichten von Licht. Der Sommerhimmel verläuft aus Hellbau ins Hitzeweiß. Die ferne Hügelkette schiebt ein leichtes Grau dazwischen. Davor der steinerne Kirchturm – vollkommen geerdet. Eyecatcher ist natürlich das Rot. In diesem Garten blüht alles rot.

Schon die italienischen Gärten der Renaissance, vor ein paar hundert Jahren, beschränkten sich auf *eine* starke Blütenfarbe. Der fantastische Variantenreichtum des Grün kam so viel stärker zur Geltung, ebenso die Bändigung der Natur. Lorbeerhecken, Buchs und Eiben sind kunstvoll in Form geschnitten, kein Unkraut in Beet oder Kies. Sogar die Zypressen erhalten durch die Gärtnerschere ihre schlanke Gestalt.

Was ist es, was mich gerade hier so sehr zu Ruhe kommen lässt? Ich liebe doch im Grunde den Wildwuchs der Natur, Wälder und Wiesen, die wir sich selbst überlassen, Naturschutzareale. Dort ist nichts gezirkelt, und die bunten Blütenfarben kommen wie aus einer Wundertüte.

Doch auch die kunstvolle Schlichtheit japanischer Gärten fasziniert mich. Wenn ich mich auf die kleine Steinbank setze, erkenne ich bald, was mir eben hier Ruhe und Entspannung schenkt: Jeder gut gepflegte Garten lehrt uns, das innere Flirren zum Schweigen zu bringen. Er grünt und blüht nach Kräften — aber zugleich ist da auch Ordnung. Jede Pflanze hat ihren Platz, und wir spüren: Hier kümmert sich jemand. Alles wirkt so aufgeräumt.

Wenn wir innehalten angesichts der Opulenz eines Gartens, der keinen Wildwuchs kennt, sondern sorgfältige Pflege, dann kann uns dieser Garten anregen, auch unser Leben etwas aufzuräumen. Welchen Kleinkram, der mich piesackt, rupfe ich aus? Alles, was unbedingt erledigt werden möchte, schreibe ich auf — und lege es weg.

Ich richte mein Augenmerk vor allem auf das, was wachsen, blühen und gedeihen soll. Vielleicht möchte ich einem Menschen etwas Liebevolles sagen, doch habe bisher nicht die Zeit dafür gefunden? Oder mir fällt jemand ein, den ich um Rat fragen könnte, um eine verworrene Sache endlich aufzuklären. Aufräumen heißt: Unwichtiges ausmisten und Wichtiges nutzen und bewahren. Ich betrachte den Garten und räume in mir auf. Wie gut das tut!

Das Geheimnis der Natur

Novalis

Man steht mit der Natur gerade in so unbegreiflich verschiedenen Verhältnissen, wie mit den Menschen; und wie sie sich dem Kinde kindisch zeigt, und sich gefällig seinem kindlichen Herzen anschmiegt, so zeigt sie sich dem Gotte göttlich und stimmt zu dessen hohem Geiste. Man kann nicht sagen, dass es eine Natur gebe, ohne etwas Überschwängliches zu sagen, und alles Bestreben nach Wahrheit in den Reden und Gesprächen von der Natur entfernt nur immer mehr von der Natürlichkeit. Es ist schon viel gewonnen, wenn das Streben, die Natur vollständig zu begreifen, zur Sehnsucht sich veredelt, zur zarten, bescheidnen Sehnsucht, die sich das fremde, kalte Wesen gern gefallen lässt, wenn sie nur einst auf vertrauteren Umgang rechnen kann. Es ist ein geheimnisvoller Zug nach allen Seiten in unserm Innern, aus einem unendlich tiefen Mittelpunkt sich rings verbreitend. Liegt nun die wundersame sinnliche und unsinnliche Natur rund um uns her, so glauben wir, es sei jener Zug ein Anziehn der Natur, eine Äußerung unsrer Sympathie mit ihr: Nur sucht der eine hinter diesen blauen, fernen Gestalten noch eine Heimat, die sie ihm verhüllen, eine Geliebte seiner Jugend, Eltern und Geschwister, alte Freunde, liebe Vergangenheiten; der andre meint, da jenseits warteten unbekannte Herrlichkeiten seiner, eine lebensvolle Zukunft glaubt er dahinter versteckt, und streckt verlangend seine Hände einer neuen Welt entgegen. Wenige bleiben bei dieser herrlichen Umgebung ruhig stehen, und suchen sie nur selbst in ihrer Fülle und ihrer Verkettung zu erfassen, vergessen über der Vereinzelung den blitzenden Faden nicht, der reihenweise die Glieder knüpft und den heiligen Kronleuchter bildet, und finden sich beseligt in der Beschauung dieses lebendigen, über nächtlichen Tiefen schwebenden Schmucks. So entstehn mannigfache Naturbetrachtungen, und wenn an einem Ende die Naturempfindung ein lustiger Einfall, eine Mahlzeit wird, so sieht man sie dort zur andächtigsten Religion verwandelt, einem ganzen Leben Richtung, Haltung und Bedeutung geben. Schon unter den kindlichen Völkern gab's solch ernste Gemüter, denen die Natur das Antlitz einer Gottheit war, indessen andre fröhliche Herzen sich nur auf sie zu Tische baten; die Luft war ihnen ein erquickender Trank, die Gestirne Lichter zum nächtlichen Tanz, und Pflanzen und Tiere nur köstliche Speisen, und so kam ihnen die Natur nicht wie ein stiller, wundervoller Tempel, sondern wie eine lustige Küche und Speisekammer vor.

Die Erde ist eine Blume

Anselm Grün

Wir schlafen oft und merken gar nicht, was um uns herum ist. Wir nehmen die Schönheit nicht wahr. Wir nehmen das Glück nicht wahr, das zum Greifen nahe ist. Wir suchen es anderswo, in unseren Träumen, in Illusionen, die wir uns machen. Die Voraussetzung, Glück zu erfahren, ist das Aufwachen. Nur wer aufwacht und nur wer die Augen aufmacht, kann überhaupt wahrnehmen, was ist. Wer erwacht ist, der erlebt, dass er bisher wie in einem Kerker lebte. Lass dich auf das Gewöhnliche deines Alltags ein. Vertraue darauf, dass du dort alles findest, was du suchst. Es geht nicht um interessante Neuigkeiten, sondern das Spüren dessen, was ist. Nimm wahr, was ist. Werde dem gerecht, was die Wirklichkeit deines Lebens ausmacht. Dann wirst du erahnen, dass dich der Alltag zum Eigentlichen führt, zum Gewahren des Seins. Und wenn du in Berührung bist mit dem, was ist, dann berührst du den Grund allen Seins.

Wenn der Alltag zur Übung wird, wenn er zum Ort der Gottesbegegnung wird, dann verwandelt er sich. Achtsamkeit in allem Tun, das gibt deinem Leben einen zarten Hauch. Da bist du ganz gegenwärtig, ganz eins mit dir und den Dingen. Aber diese Achtsamkeit ist uns nicht einfach geschenkt. Sie will täglich geübt werden.

Die Erde ist eine Blume, die die Schönheit des Himmels in sich trägt, die den Himmel über uns öffnet. Wenn du dieses Wort in dein Herz fallen lässt, dann verändert es deine Augen. Du wirst mit einem anderen Blick auf diese Erde schauen.

Wir brauchen nur zu staunen vor dem, was in der Schöpfung um uns herum ist. Wir brauchen nur zu beobachten, was wir sehen, und die Tiefe von dem erspüren, was wir schauen. Dann spüren wir die Lust, dann geht sie von der Schöpfung in uns über, dann nehmen wir nicht nur den Frühlingswind wahr, sondern werden von ihm zur Lust auf dem Grund unseres Herzens geführt. Dann brechen wir auf zu einer kraftvollen Lebensfreude.

Achtsamkeit im Augenblick, das ist mehr als nur eine Übung der Konzentration, es ist der Weg zum Glück. Es braucht nicht viel zum Glück. Es braucht nur die Achtsamkeit. Wenn wir dankbar sind für das, was wir wahrnehmen, dann sind allein die gesunden Augen schon eine Quelle des Glücks. Täglich dürfen unsere Augen wunderbare Dinge sehen. Aber es braucht die Übung der Achtsamkeit, damit wir die Wunder auch bewusst wahrnehmen, die sich uns täglich zeigen:

das Wunder einer Rose,
das Wunder eines Berges,
das Wunder eines Käfers, der unseren Weg kreuzt,
das Wunder eines menschlichen Antlitzes.

Der Höhepunkt deines Erlebens
ist in den Dingen, die dich umgeben.
In der Wiese vor deinem Haus.
In der Blume auf deinem Schreibtisch.
In der Musik, die du hörst.

In der Stille, die du dir gönnst.
Die Schönheit ist schon vorhanden.

Du musst sie nur wahrnehmen. Nur wenn du mit dem Herzen siehst, begegnest du in der Blume der Schönheit ihres Schöpfers und im Baum deiner eignen Sehnsucht, fest verwurzelt zu sein in einem tieferen Grund. Nur wenn du mit dem Herzen siehst, empfindest du beim Anblick eines Baumes die Sehnsucht, so in deine Gestalt hineinzuwachsen und so aufzublühen, dass andere in deinem Schatten Geborgenheit und in deiner Nähe Trost finden. Nur das Herz sieht in allem die Spuren jener letzten Wirklichkeit und Gewissheit, die dich aus dem Antlitz jedes Menschen und aus jedem Stein und jedem Grashalm anblickt, um dir zu sagen: »Du bist geliebt. Die Liebe umgibt dich in allem, was du siehst.«

Die Freiheit kosten
(nach 1. Mose 2,15–3,24)

Susanne Niemeyer

Am Anfang war die Anzeige: »Wohnen im Grünen, großer Garten, viel Platz, alle Möglichkeiten.« Das klingt so fantastisch, dass sie es kaum glauben können. Ein Haus! Im Grünen! Und keine Nachbarn in Sicht! »Ruf an«, drängelt Eva, »ruf schon an!« Adam, von Natur aus zurückhaltender, versucht ihre Begeisterung zu bremsen: »Es wird längst weg sein.« Aber dann ruft er doch an.

Der Vermieter ist ein älterer Herr. Er klingt nett. Ja, das Haus sei noch da, ja mitten im Grünen, völlig ungestört, wenn man wolle, könne man sogar nackt durch den Garten laufen. Tiere gäbe es auch, und im Übrigen seien sie die einzigen Bewerber.

»Kommen Sie vorbei«, sagt er. »Es ist alles noch frei. Sie sind die Ersten.«

»Frag«, flüstert Eva, »frag nach einem Termin!«

»Sofort«, antwortet der Vermieter, der offenbar gute Ohren hat, »Sie können sofort kommen.«

Der Garten ist ein Paradies. Es gibt Apfelbäume und Schlehen. Sonne blitzt durch die Blätter. Orchideen wippen an einem türkisfarbenen Teich. Fische tauchen auf. Staunend stehen sie da. Ein Eichhörnchen und ein Feldhase spielen miteinander Verstecken.

»Schau nur«, ruft Eva entzückt, »wie zahm sie sind, als hätten sie noch nie einen Menschen gesehen!«

Adam, etwas pragmatischer veranlagt, räuspert sich.

»Und die Miete?«, fragt er. »Was schulden wir Ihnen?«

»Nichts«, antwortet der alte Herr zu ihrem Erstaunen. »Sie können hier frei wohnen. Achten

Sie ein bisschen auf die Tiere. Schauen Sie nach den Äpfeln.« Dann lächelt er stolz. »Wissen Sie, das alles habe ich selbst geschaffen. Mir ist wichtig, dass es erhalten bleibt. Verstehen Sie?«

Sie werden wunderbare Nachbarn. Manchmal schaut der alte Herr vorbei. Dann plaudern sie am Gartenzaun. So vergehen die Tage. Sie lieben einander und das Glück an ihrer Seite. Auf den Morgen folgt der Abend und auf den Abend ein neuer Morgen. Aber eines Tages kommt die Nacht. Aus ihrem Dunkel steigt ein Schatten. Er flüstert in ihre Träume: »Und noch?« Er schlängelt sich in ihre Gedanken: »Und noch?« Er kreist sie ein, er taucht auf, wo sie ihn nicht vermuten. »Und noch?«, wispert er und versetzt ihre Herzen in Unruhe. »Reicht euch das? Ihr könntet mehr haben. Ihr könntet größer sein. Ihr könntet die Regeln bestimmen.«

Sie lernen die Skepsis kennen: »Werden wir immer hier leben? Wird die Liebe bleiben? Wer gibt uns eine Garantie?« Eine Frage zieht die nächste nach sich. Sie lehrt sie Worte, die neu sind. Unabhängigkeit. Macht. Gier. Haben. Wollen. Sie schmecken süß. Der alte Herr warnt sie: »Esst nicht von diesen Früchten. Sie kosten euch das Leben.«

Sie tun es doch. Sie können nicht von ihnen lassen. Sie beißen an. Sie beißen zu.

Da erkennen sie: Wir sind nackt. Wir wissen nichts. Wir haben nichts. Wir sind verletzbar. Alles scheint möglich, alles ist offen. Es gibt keine Sicherheit. Die Angst holt sie ein: Wo können wir uns bergen?

Der alte Herr sucht nach ihnen. Er ruft. Sie antworten nicht. Sie halten seinem Blick nicht mehr stand. Sie fühlen sich durchschaut.

Da erkennt auch er: »Ihr wollt die Freiheit. Ihr wollt das Leben und den Tod. Ihr wollt Antworten und Fragen. Ihr wollt alles. Das gibt es nicht ohne das Nichts.«

Er zeigt ihnen das Tor. Es steht weit offen. »Geht«, sagt er. »Geht und nehmt euch das Leben.« Er hilft ihnen in den Mantel. Er führt sie hinaus in die Weite. Die Feuerlilien leuchten. Eine Schneetaube fliegt auf. Sie sehen ihr nach und ringen um Fassung.

»Was haben wir getan!?«, ruft Adam. »Der alte Herr hat gesorgt für uns wie ein Vater. Was machen wir jetzt?«

»Komm«, antwortet Eva und nimmt seine Hand. »Zeit, erwachsen zu werden.«

»Wohin gehen wir?«, fragt er.

»Ins Paradies.« »Aber verstehst du nicht?«, ruft Adam. »Es ist weg!«

»Nicht ganz. Wir haben die Erinnerung. Wir bauen es da draußen.«

Dann brechen sie auf. Sie kommen zur Welt.

*Ich möchte
dir ein Liebes schenken*
Das Wunder der Gabe

Ich möchte dir ein Liebes schenken,
das dich mir zur Vertrauten macht:
aus meinem Tag ein Deingedenken
und einen Traum aus meiner Nacht.

Rainer Maria Rilke

Das große Geschenk des Lebens

Nina Ruge

Da ist er, gekommen aus dem Nichts: ein magischer Moment. Eben trug der Himmel noch sein tiefes, klares Blau, und jetzt überstrahlt ihn kraftvolles Gold. Die Zypressenreihe stützt ihn als Scherenschnitt. Dahinter glüht der Strahlenkranz.

Ein sanftes Lichtspektakel. Es ist einfach da und leuchtet ... wie ein Zeichen der Hoffnung, der Kraft, ja: der Ewigkeit.

Ich stehe da, überwältigt, und weiß zugleich, dass dieses Zeichen flüchtig ist, dass es vergeht. In wenigen Minuten wird es der Dunkelheit weichen.

Ich möchte die Zeit anhalten, will, dass sich nichts verändern möge! Augenblick, verweile doch! Ich möchte baden, ausgiebig, in diesem warmen Licht aus einer anderen Welt.

Was tun? Es bleibt nur eins: Ja sagen zum Vergehen, zum Verschwinden des göttlichen Zeichens – und Ja sagen zum Sein. Zwei Worte sind es, die nehmen

mir die Wehmut der Vergänglichkeit. Ich flüstere: »Ich bin.« Nur diese zwei Worte. Alle anderen Gedanken schicke ich weg. Ich schließe meine innere Word-Datei. »Ich bin.«

Langsam öffnen sich alle Poren, und da ist pulsierende Lebendigkeit. Meine Güte, wieso habe ich das denn zuvor nicht gespürt? »Ich bin!« Ich fühle das Glück des Augenblicks als das große Geschenk des Lebens.

Und dieses Glück hält an! Über den Moment hinaus. Das goldene Licht versinkt und mit ihm sein Strahlen. Ich bin mit allen Sinnen dabei. Alles ist gut.

Wieso? Weil da Vertrauen aufsteigt, Vertrauen in den Kreislauf des Lichts und des Lebens. Alles entsteht – und alles geht, und ich bin Teil davon. Aufhalten kann ich nichts, aber annehmen, was ist, und positiv damit leben. Was immer mir geschehen wird, ich werde ihm mit einem Lächeln begegnen.

Die Dunkelheit nimmt zu, das Vertrauen bleibt. Gott ist der große Plan, den ich bejahe und der mich leitet.

Geschenkte Zeit

Anselm Grün

Eine Frau erzählte mir: »Sogar beim Bügeln setze ich mich unter Druck. Ich überlasse mich nicht einfach dem, was ich tue, sondern sage mir: In einer halben Stunde musst du fertig sein. Dann bin ich die ganze Zeit unter Druck, ob ich das auch wirklich schaffe.« Diese Frau ist keine Ausnahme. Immer wieder höre ich die Klage: Ich stehe unter Druck. Ich habe keine Zeit, mir in aller Ruhe zu überlegen, was ich tun soll, wie ich mich entscheiden soll. Immer muss ich alles sofort erledigen, was mein Chef von mir will. Die Kinder wollen sofort, dass ich auf ihre Bitten eingehe und ihnen auf ihre Fragen antworte. Auch der Pfarrer möchte sofort eine Entscheidung, ob ich beim Pfarrfest mithelfe oder ob ich bei der Firmvorbereitung eine Gruppe übernehme. Alles geht mir zu schnell. Vor lauter Druck treffe ich oft die falschen Entscheidungen. Ich sage Ja, obwohl ich eigentlich Nein sagen wollte. Und ich ärgere mich, dass ich mich wieder habe überrumpeln lassen.

Meist sind wir es selber, die uns antreiben, und wenn wir in einer solchen Situation sind, da brauchten wir den Engel, der uns sagt: »Lass dir Zeit. Lass dich nicht antreiben. Du solltest dir nicht von anderen vorschreiben lassen, wann du dich entscheidest und wann du das oder jenes tust. Du bist nicht dazu da, alle Erwartungen der anderen zu erfüllen. Du musst dich auch nicht selber unter Druck setzen. Sei du selbst. Lass dir Zeit. Es ist dein Leben. Erlaube es dir, einfach nur da zu sein.«

Wenn du spürst, wie du unter Druck gerätst, dann halte inne und lade den Engel ein, der dir Zeit lässt. Unterhalte dich mit ihm und achte auf seinen Rat. Er sagt dir: »Warum setzt du dich denn unter Druck?

Was willst du denn nachher tun? Du sagst, dann willst du dich endlich einmal ausruhen. Aber wenn du dir Zeit lässt, dann ist die halbe Stunde, in der du bügelst, schon ein Ausruhen, dann erlebst du die ganze Zeit als ruhige Zeit, die dir gehört. Lass dich also nicht antreiben. Sei ganz in dem, was du jetzt gerade tust.« Wenn du auf diesen Rat des Engels hörst, dann ist auch die Zeit der Arbeit eine Zeit, die dir der Engel schenkt. Die Zeit selbst wird dir zum Engel, sie lässt dir Flügel wachsen. Sie ist Zeit, die dir gehört. Du musst keinem Rechenschaft ablegen, wie lange du für das oder jenes brauchst. Der Engel schenkt dir innere Freiheit. Du erlebst die geschenkte Zeit als Wohltat. Du kannst dir Zeit lassen, zu lesen. Du musst nicht soundso viel Seiten in einer halben Stunde lesen. Und du musst dich nicht hetzen, nach dem Lesen sofort einzukaufen. Wenn du dich so vom Engel leiten lässt, dann wirst du deinen Tag als angenehm erleben und zugleich erkennen, dass dir wie von selbst ganz viel gelingt. Der Engel, der dir Zeit lässt, wird dir dann am Abend anerkennend sagen: »Du hast heute doch eine ganze Menge geschafft. Lass dich also auch morgen nicht drängen. Folge mir. Dir wird dann viel mehr gelingen, als wenn du dich ständig selber unter Druck setzt oder von anderen unter Druck setzen lässt.«

Ein Dieb

Yarito Niimura

Bei einem seiner Raubzüge brach ein Dieb in ein Kloster in den Bergen ein. Geweckt vom Lärm, eilte der Meister herbei, doch das Bild, das sich ihm bot, ließ jeden Schrecken verfliegen und machte der Besorgnis Platz. Eine ärmlich aussehende Gestalt stand da vor ihm, die ihn mit einem Stock bedrohte und Geld von ihm verlangte.

»Wie gut!«, rief der Meister. »Gerade im Augenblick haben wir mehr Geld als sonst in unserem Kloster. Und ich wusste gar nicht, wohin mit all dem.« Und er holte aus einer Truhe mehrere Beutel, prall gefüllt mit Münzen. Der Dieb, vom Tun des Meisters verwirrt, nahm nach kurzem Zögern das Geld, und er wollte schon davoneilen, als der Meister rief: »Bleibt noch einen Moment! Wollt Ihr nicht diesen warmen Mantel mit Euch nehmen, den man uns gestern schenkte?« Der Dieb nahm auch den Mantel, machte kehrt und wollte eben das Kloster verlassen, als der Meister ein drittes Mal zu rufen anhob: »Noch einen Moment!« Der Dieb kehrte um und fragte: »Wollt Ihr mir noch mehr geben?« »Nein«, antwortete der Meister, »ich habe nichts weiter, was ich Euch geben könnte. Aber ich bitte Euch, dass Ihr Euch für die erhaltenen Gaben bei mir bedankt.« Das tat der Dieb, um sich dann endlich aus dem Staub zu machen.

Wenige Wochen waren vergangen, da wurde der Dieb gestellt und von der Polizei verhört. Er gestand all seine Einbrüche, darunter auch den in das Kloster in den Bergen. Man rief den Meister herbei, um das Geständnis des Diebes zu überprüfen. Als ihm der Dieb vorgeführt werden sollte, sagte der Meister, er kenne keinen Dieb, der in sein Kloster eingebrochen sei. Man zeigte ihm den Dieb und fragte, ob er diesen Mann tatsächlich nicht kenne. »Doch«, antwortete der Meister, »diesen Mann kenne ich sehr wohl. Er hat mich vor einigen Wochen in meinem Kloster besucht. Da er von Armut gezeichnet war und die Kälte ins Land drang, habe ich ihn mit Geld beschenkt und ihm einen warmen Mantel gegeben. Und bevor er wieder ging, hat er sich bei mir dafür bedankt.«

Von den Worten des Meisters im Innersten berührt, begann der Dieb zu weinen. Und er beschloss, seinem Leben einen neuen Weg zu erschließen.

Überraschungen sind die Würze des Lebens

Schwester Teresa

Ich bin ein Mensch, der Überraschungen liebt und furchtbar gerne andere überrascht. Da ist mir nichts zu schwer, zu anstrengend, zu weit oder zu teuer. Wenn ich eine Idee habe, dann findet sich auch ein Weg, sie umzusetzen. Meine Gemeinschaft weiß, was es heißt, wenn ich plötzlich in mich versunken bin und in die Ferne schaue. »Was hat sie wieder ausgeheckt?«, denken meine Lieben dann. Sie wissen aber auch, dass es immer etwas Schönes und Gutes ist.

Ich finde, dass Liebe immer ein wenig verrückt sein darf. Ich bin überzeugt davon, dass es ein Privileg der Verliebten ist, die zärtlichsten Worte, die mildesten Gedanken, die heroischsten Taten zu sagen, zu denken, zu tun. Und ich möchte nie aufhören, verliebt zu sein in Gott und die Menschen. Und darum gehören Überraschungen für mich dazu.

Schon als Kind war der Geburtstag meiner Mutter ein hochwillkommener Anlass, mir die verrücktesten Dinge einfallen zu lassen, um ihr eine Freude zu machen. Ich erinnere mich gerne, wie ich einmal ein 10-Meter-Transparent vor der Geschäftsstelle der Sparkasse ausrollte. Plötzlich tauchten an allen Fenstern die Angestellten auf und der Direktor wurde benachrichtigt. Man dachte, ich sei eine Demonstrantin. Aber als das Plakat ausgerollt war, schmunzelten alle, denn es stand nur drauf: »Mutti, ich liebe Dich. Happy Birthday. Deine Tochter«. Meine Mutter musste ja den ganzen Tag arbeiten und ich war abends im Training. Sie strahlte und erzählte mir, wie viele von meiner Überraschung gerührt waren.

Auch als Erwachsene dachte ich mir Überraschungen für meine Mutter aus. Einmal ließ ich einen Herzluftballon mit Gas füllen, der an einer fünf Meter langen Schnur befestigt war und den ich zu ihrem Fenster aufsteigen ließ. Der Wind trieb den

Herzballon allerdings auf die befahrene Straße, also blockierte ich vorübergehend die Autofahrer, aber auch die lachten. Niemand hupte. Eine Ordensschwester, die mit einem Herzluftballon kämpfte, sieht man ja nicht alle Tage in Deutschland.

Eine besondere Überraschung überlegte ich mir zu ihrem 50. Geburtstag. Diesen besonderen Tag hatte ich zwei Jahre im Voraus geplant. Wie musste ich kämpfen, um mir das Wochenende freizuschaufeln. Ich ließ sie nur wissen, dass ich sie am Freitagnachmittag um 16 Uhr am Frankfurter Flughafen erwarten würde und was sie für einen Kurztrip im Koffer mitnehmen müsste: etwas Bequemes, etwas Schickes, etwas Elegantes. Bis wir zum Gate kamen, ahnte sie nicht, dass ich sie für ein Wochenende nach Paris entführen wollte. In diesem Jahr war mein erstes Buch »Die kleine Nonne« erschienen und zu meiner Freude ein Überraschungserfolg geworden. Von meinem ersten Honorar als Buchautorin hatte ich mir etwas ganz Besonderes für sie einfallen lassen. Schon als siebenjährige Turnerin war ich zum

Wettkampf in Paris gewesen und als Sechzehnjährige durfte ich ganz alleine nach Paris reisen. Alles sponserte mir damals meine Mama, nicht nur meine Sportkarriere, sondern auch, dass ich die Museen besuchen konnte. Ich hatte stundenlang im Louvre gesessen und auf meinem Zeichenblock Skulpturen und manche Bilder abgemalt. Seitdem waren 25 Jahre vergangen. Nun saßen Mutter und Tochter zum ersten Mal gemeinsam in der Maschine in die französische Hauptstadt und meine geliebte Mama war gerührt. Sie ahnte ja nicht, was sie alles erwartete in diesem »all-inclusive«-Städtetrip mit Flug, Stadtrundfahrt, kleiner Shoppingtour, Eiffelturm und Louvre.

Die eigentliche Geburtstagsüberraschung sollte jedoch das geplante Abendessen werden: ein Abendessen im berühmten Restaurant im legendären *Hôtel Ritz* in Paris. Sie servierten dort aus Anlass des 100-jährigen Jubiläums das Originalmenü des berühmten Meisterkochs Georges Auguste Escoffier von 1898, an diesem Wochenende zu einem

Sonderpreis. Es wurde zu einem der außergewöhnlichsten Abende unseres Lebens. Als am Ende unseres Menüs die Musiker, die an diesem Abend für Hintergrundmusik für die Gäste sorgten, mit Geige und Harfe an unseren Tisch kamen und *Happy Birthday* für Mama spielten und ein kleiner Kuchen mit brennender Kerze als Geschenk des Hauses serviert wurde, flossen dicke Kullertränen. »Ich durfte im Ritz in Paris essen. Jetzt kann ich sterben«, meinte sie überwältigt. Ich lachte. »Nee, Mama«, sagte ich, »jetzt mit 50 Jahren musst du endlich anfangen, dir etwas zu gönnen. Du hast es dir mehr als verdient.«

Das gemeinsame, einzigartige Paris-Wochenende bleibt unvergessen. Vor allem die gemeinsam erlebte Zeit. Sie ist unschätzbar.

Selbst während meiner Krebserkrankung versuchte ich Menschen zu überraschen. Bei meiner »Muttertagsanrufaktion« meldeten sich viele Töchter und Söhne, die mich baten, ihre »allerbeste Mama« als

Überraschungsgeschenk anzurufen. Da ich alle Zeit der Welt in meinem Krankenbett hatte, rief ich von 8 Uhr früh bis zum Abend fast halbstündlich eine völlig überraschte Mutter an. Von Hamburg bis Bozen. Meine Güte, ich konnte ja nicht ahnen, wie viel Freude ich mit einem kleinen Anruf machen konnte! Viele weinten vor Rührung.

An schweren oder harten Tagen können positive Überraschungsmomente einen Höhepunkt im Alltagstrott bedeuten und den Tag enorm aufwerten. Es sind die unerwarteten kleinen, feinen Zeichen der Liebe, die sich in Aufmerksamkeit und Zuneigung ausdrücken. Es muss nicht immer ein Menü oder ein riesiges Plakat sein. Etwas können wir immer geben, das völlig kostenlos ist und am Ende doch unbezahlbar bleibt: Wir können alles, was wir tun, mit Liebe tun.

Überraschungen
haben mein Leben
reich gemacht.

Der Tropfen, der Funke, die Prise
Liebe, die Gott mir
in jeder Begegnung
und jedem Ereignis
geschenkt hat.

Und solange ich noch lebe,
möchte ich andere überraschen,
mit aller Liebe,
zu der ich nur fähig bin.

Dankbarkeit

Hermann Glettler

Ich erinnere mich an einen Mann, der sehr schwer an Parkinson erkrankt ist. Als ich ihn im Krankenhaus besuchte, fand ich ihn schlafend. Sein Oberkörper war seitlich aus dem Bett gebeugt, der Arm schlaff nach unten hängend, etwas Speichel trat aus seinem Mund. Als er erwachte, haben wir versucht, mit ihm ein paar Sätze zu reden. Er antwortete mit mühsam herausgepressten Worten auf die Frage, wie es ihm denn gehe: »Ich habe nichts zu klagen.« Und mit noch größerer Sorgfalt, um das krankheitsbedingte Lallen zu bändigen, setzte er die Begründung nach: »Ich habe eine wunderbare Frau. Bin unendlich dankbar!« Ich war vollkommen perplex über diese Antwort, innerlich bewegt und beschämt. Mit einem Schlag wurde mir bewusst, wie lächerlich unsere Beschwerden über diesen oder jenen »Mangel« oft sind.

Dankbarkeit ist heilsam. Bleiben wir doch nicht stumm, wenn es darum geht, »Danke« zu sagen, auch wenn es doch scheinbar nur um Alltägliches geht. Es ist das heilsame Wort, das Grundvokabel von Herzlichkeit. Dankbarkeit ist der größte Regenerationsfaktor für Zufriedenheit. Möglicherweise führt das Danken auch zu einer Neuentdeckung Gottes. Selbst für nichtreligiöse Menschen kann es eine Tür zur Transzendenz sein. Der deutschsprachige Schriftsteller Elias Salomon Canetti hat von sich selbst bekannt, dass er als agnostisch eingestellter Mensch immer öfter an Gott zu denken beginnt, weil er eine verlässliche Adresse für seine wachsende Lebens-Dankbarkeit sucht. Er sagte: »Mehr noch als für seine Not braucht man einen Gott für seinen Dank.«

*Die Erde hat
ein freundliches Gesicht*
Der Weg zur Freude

In eines Holzes Duft
Lebt fernes Land.
Gebirge schreiten durch die blaue Luft.
Ein Windhauch streicht wie Mutter deine Hand.
Und eine Speise schmeckt nach Kindersand.
Die Erde hat ein freundliches Gesicht,
So groß, dass man's von weitem nur erfasst.
Komm, sage mir, was du für Sorgen hast.
Reich willst du werden? – Warum bist du's nicht?

Joachim Ringelnatz

Heimat finden
(nach Lukas 14,16–23)

Susanne Niemeyer

Das Haus ist schon alt. Es hat einen großen Garten, Fenster bis zum Boden und einen Tisch für viele. Die Platte ist aus Eiche, das Holz voller Kerben, Spuren der Jahre. Brot wurde dort geschnitten, Wein verschüttet, Geburtstage wurden gefeiert, Heiratsanträge gehört, auch der Tod saß manchmal mit am Tisch. In dem Haus wohnt Gott.

Eines Morgens entscheidet Gott, ein Fest zu feiern. Es ist still so allein. Alle sollen kommen, alle, die er lieb hat. Die, mit denen er verbunden ist, alle, die ihm treu sind. Er lädt sie ein.

»Was feiern wir?«, fragen sie.

»Das Leben«, antwortet Gott.

Er beginnt mit den Vorbereitungen: Bärlauchsuppe, frisch aus dem Garten. Ein Lamm im Ofen geschmort. Neue Kartoffeln. Und zum Schluss eine Apfeltarte. Es gibt da ein paar alte Apfelbäume, die tragen gut. Er holt die weißen Tücher aus dem Schrank. Das Geschirr mit goldenem Rand. Vergissmeinnicht von draußen. Das Feuer brennt im Kamin. »Trink deinen Wein und iss dein Brot mit Freuden«, murmelt Gott. »Nimm das Leben als ein Fest.« Sie sollen sich zu Hause fühlen.

Die Uhr geht auf acht. Alles ist bereit. Sie können kommen. Aus der Küche duftet es. Der Wein wartet. Er auch. Er hat seine schönsten Kleider angezogen. Die Kerzen spiegeln sich im Fenster. Es ist still, bis auf das Ticken der Uhr. Nichts geschieht.

»Wo bleiben sie?«, fragt er sich. »Wo bleiben sie nur alle?« Um halb neun beschließt Gott, sie anzurufen: »Richtig«, hört er, »deine Einladung. Die hatte ich ganz vergessen ... tut mir leid, aber ich habe so viel zu tun. Wieder mal Überstunden. Die Arbeit, die Akten, ich kann hier unmöglich weg!«

Er ruft die Zweite an:

»Ich muss dir was erzählen«, entgegnet sie. »Ich habe mich verliebt. Er kommt heute Abend vorbei.

Wir wollen nur für uns sein, das verstehst du doch
sicher? Ein andermal, bis bald!«
Er wählt ein drittes Mal.
»Ja, eigentlich wollte ich schon vor einer Stunde los,
aber ich habe einen neuen Computer. Ich bin noch
dabei, ihn zu testen, großartig, was der alles kann.
Das glaubst du nicht! Vielleicht komme ich später,
warte nicht auf mich!«
Gott legt den Hörer auf und schaut auf die Kerzen,
den Wein, die Vergissmeinnicht. Der Salat beginnt
langsam zu welken.
»Sie kommen nicht«, murmelt er und lässt sich auf
einen Stuhl fallen. »Meine besten Freunde.«

Damit hat er nicht gerechnet. Gott fühlt sich sehr allein. Da gibt er sich einen Ruck, er greift nach seinem Mantel, stürmt zur Tür und läuft auf die Straße. Er denkt nicht nach, sondern schlägt den erstbesten Weg ein. Auf dem Marktplatz sitzen ein paar Männer mit ihren Schlafsäcken. Sie sehen ungepflegt aus, und wahrscheinlich haben sie getrunken.

»Kommt«, ruft er, »ich lade euch ein, wir feiern ein Fest! Es gibt Lamm und Wein und Käse hinterher.«

Die Männer gucken ungläubig, aber weil sonst nichts passiert, gehen sie mit. Sie laufen zum Kiosk und holen die immer frierende Verkäuferin, dann die Jungs von der Tankstelle und schließlich den Mann mit dem Akkordeon. Jeden Nachmittag sitzt er im Strom der Einkäufer und spielt das Lied vom Schiff, das kommen wird und den Einen bringt. Er strahlt, als er sie sieht, und dann packt er seine Sachen zusammen und geht mit.

Sie sammeln ein paar Kinder ein, die stets mehr Lärm machen, als angenehm ist, und auch den sonderbaren Alten von nebenan, der immer vor sich hin murmelt und sich umschaut, als würde er verfolgt.

Sie kommen alle mit. Spannung liegt in der Luft, Aufregung. Wann gibt es das: Ein Fest für sie? Neugierig drängen sie in das Haus. Der Tisch wird voll, voller, als er je war. Unsicher greifen sie nach den Servietten. »Womit haben wir das verdient?«, fragen sie. Aber Gott winkt ab und schenkt ihnen ein, die Gläser randvoll. Er gibt, was er hat, verteilt das Brot und das Lamm, und es reicht für alle.

Und dann feiern sie bis in den Morgen, dem Mann mit dem Akkordeon fallen nach und nach wieder andere Lieder ein, Lieder vom Glück und von der Heimat und von der Liebe. Die Klänge bleiben hängen in der Luft, so dass das Fest nicht endet, nie mehr. Es ist der Himmel auf Erden. Für alle.

Der Schmetterling

Johann Roth

In einer entlegenen Berggegend lebte einst ein weiser Mann einsam in seiner Klause. Eines Tages traf ein Wanderer bei ihm ein, klopfte an seiner Tür und sprach: »O Meister, ich habe viele Wege hinter mir gelassen auf meiner Suche nach dem Glück. In den Dörfern habe ich es gesucht und in den Städten, in den Wäldern und in den Bergen, harte Arbeit habe ich auf mich genommen und mich auch im Spiel versucht, doch nie konnte ich es zu fassen bekommen. Deine Weisheit wird allerorten gepriesen. So sage mir, wie kann ich das Glück zu fassen bekommen?«

Der Meister lächelte bei diesen Worten und sagte: »Es ist gar nicht schwer. Das Glück gleicht einem Schmetterling. Je mehr du ihm hinterherläufst und ihn mit deinen Händen greifen willst, umso mehr wird er in die Lüfte flattern und dir zu entkommen suchen.«

Die Hoffnung verließ den Wanderer, und er stöhnte: »So werde ich also das Glück niemals ergreifen!«

Darauf der weise Mann: »Doch! Hocke dich einfach hin und warte, bis sich der Schmetterling auf deiner Schulter niederlässt.«

Schreiben ist Gold

Hanna Buiting

Ich habe in meinem Leben schon nach vielen Schätzen gesucht. Vor allem in ganz jungen Jahren, bei Kindergeburtstagen. Da war fast immer eine Schatzsuche eingeplant. Und wir Kinder taten unser Bestes, uns in Geschicklichkeit, Ausdauer und Logik zu beweisen. Wir rannten um die Wette, lösten Knobelaufgaben und kletterten auf Bäume, um einen weiteren Teil einer Schatzkarte zu ergattern oder um einen nächsten Hinweis darauf zu bekommen, wo der Schatz, den es zu suchen galt, versteckt sein könnte. Je nach Alter – oder auch Temperament der Eltern – wurden wir angefeuert und ermutigt zum Kooperieren oder aber Konkurrieren. Hauptsache am Ende stießen wir auf eine vergrabene Kiste, in der Süßigkeiten enthalten waren, die unsere Hände klebrig und unsere Kinderseelen zufrieden machten. Und so sehr wir uns auch über die Naschereien freuten, so war auch damals bereits das erlebbar, was heute manchmal ein bisschen platt dahergesagt klingt, und doch oft stimmt: Der Weg war schon das Ziel. Wir hatten einen grandiosen Nachmittag, fühlten uns wie auf einer Expedition. Hätte es gleich zu Beginn des Kindergeburtstags eine Kiste voll mit Süßigkeiten gegeben, sicher hätte uns das auch glücklich gemacht – aber vielleicht sehr viel kürzer. Ich stelle mir vor, dass es dann einfach Süßigkeiten gewesen wären, die wir zwar dankend angenommen und aufgegessen hätten, aber die sich für uns nicht unbedingt nach einem Schatz angefühlt hätten. Erst die Suche danach machte sie besonders. Ein bisschen magisch war das. Abenteuerlich. Wir ließen

 uns von den Fragen bewegen: Welcher Schatz mag hier versteckt sein? Und werden wir ihn finden?

Schon die Suche war Teil des Findens. Weil wir ja auch unterwegs schon das Gefühl hatten, etwas zu gewinnen: neue Hinweise, Schatzkartenteile, Erkenntnisse, dazu Freude am Entdecken, Neugier, Verbundenheit mit anderen und das Gefühl, etwas Großem auf der Spur zu sein. Ähnliches erlebe ich beim Schreiben und darf das auch bei anderen beobachten: Nicht immer ist der Schatz nur am Ende zu finden. Das Gold liegt schon auf dem Weg. Eine Frage, eine Anregung, ein Anlass zum Schreiben lädt uns ein, dem eigenen Gefühl zu folgen und dabei ruhig auch mal Abzweige zu nehmen, die uns noch in ganz andere Richtungen führen können. Denn es gibt nicht immer nur *eine* Antwort, die am Ende steht und aufzuspüren ist. Viel eher ist es eine Vielzahl, ein Mehr an Möglichkeiten. Und jede Erkenntnis, die wir durch das

Schreiben gewinnen, bringt uns auch auf die Spur zu einer weiteren. Wie bei einer Schnitzeljagd, wie bei einer Schatzsuche. Und so gibt es schon unterwegs Momente, die uns wertvoll werden. Worte, Sätze, Bilder, die schimmern wie Gold.

Wenn wir etwa über das Verwobensein in der Welt schreiben, dann kann uns das zum Nachdenken anregen über Verbundenheit und Vernetzung, Globalisierung, das Internet, Grenzen und Freiheiten, Europa, den Brexit. Oder aber wir denken über Webrahmen nach, über Strickliesel und Handarbeitsunterricht, über rote Fäden und lose Enden, über Wollknäuel, Omas in Schaukelstühlen, Katzenbabys. Und nichts davon ist falsch oder verkehrt. All das kann ein Goldnugget auf dem Weg sein. Weil es uns verbindet mit dem, was uns beschäftigt. Es sagt etwas über uns aus. Es knüpft an, an unser Leben, unsere Wahrnehmung der Welt, eine Erinnerung, ein Gefühl, an einen Teil unseres Seins.

Ich glaube, Assoziation und Intuition hängen dabei oft zusammen. Wie wir assoziativ auf etwas reagieren, steht in unmittelbarer Verbindung mit einem Gefühl für uns selbst. Dieses Gefühl greift zu auf den Schatz der Erfahrungen, die wir bereits gemacht haben, es verbindet uns mit einem tief verinnerlichten Wissen um die Welt, wie sie uns vertraut ist. Manchmal ist das ein Vorgang von Sekunden: Wir hören, lesen, sehen etwas und ein Feuerwerk wird in uns entfacht. Wie wir das bewerten, was da zu uns spricht, folgt nicht unbedingt einer nachvollziehbaren Logik. Viel eher ist es ein Nach-innen-Schauen. Im Bruchteil einer Sekunde. Eine Art Abgleichen: Was sagt mir das? Was fühle ich dabei? Wohin führt mich das? Im Schreiben kann dieser Sekundenabgleich Raum bekommen. Vor allem, wenn wir eine Assoziation nicht gleich als unpassend oder falsch abtun, sondern ihr mit Neugier begegnen. Eher mit der Haltung »Ach, das ist ja interessant« als mit »Was soll denn der Quatsch schon wieder?«.

Manchmal habe ich das Gefühl, dass ich im Schreiben zu den Quellen vordringe, aus denen sich mein Leben speist. Hier ist alles gespeichert. Hier gibt es ein Grundgefühl, auf das zu vertrauen sich lohnt. Das Schreiben lässt diese Quelle und dieses Gefühl klarer erscheinen. Ich spiegle mich selbst darin. Die Worte, die ich zu Papier bringe, sind ein Abbild dessen, wie ich denke, fühle, bin.

Ich erlebe das als ein Goldgefühl meines Daseins. Dass es da etwas in mir gibt, dem ich vertrauen kann. In Sekundenschnelle. Ich muss eine Situation nicht immer unbedingt rational erklären und bewerten können, meine Emotion dazu genügt. Sie kann mir ein Kompass sein, mir die richtige Richtung zeigen. Im Schreiben werde ich achtsamer dafür. Es gelingt mir leichter, mich in meinem Gefühl ernst zu nehmen. Steht es Schwarz auf Weiß geschrieben, traue ich ihm mehr.

Und so ist das Schreiben schließlich wirklich wie eine Schatzsuche: Am Anfang steht eine Frage: Wo könnte der Schatz versteckt sein? Und dann gibt es

Hinweise, Anregungen und Ideen, Inspirationen und Assoziationen, die uns auf eine Spur bringen. Und wir schreiben uns mal hierhin und mal dorthin. Sammeln ein, was uns begegnet, setzen Teile neu zusammen, bis manchmal ein Bild entsteht oder eine Karte, die uns hilft, uns zu erinnern, wo genau wir nochmal sind. Und all das fühlt sich schon nach Gewinn an, nach Süßigkeiten als Proviant für den Weg. Und so sind wir ermutigt, uns immer näher heranzuschreiben an die Quelle, die in uns ist. In der es funkelt und glitzert und glänzt. Weil darin das Gold liegt, der Schatz. Und wir können daraus schöpfen, wieder und wieder, und doch versiegt diese Quelle nie.

Genießen

Burkhard Heidenberger

Wir empfinden Lebensfreude, wenn wir in unserem Tun aufgehen, froh gelaunt, energiegeladen und dankbar sind. Dadurch strahlen wir ein anhaltend positives Gefühl aus, das von anderen als anziehend wahrgenommen wird.

Lebensfreude kann sich in Ereignissen oder Umständen manifestieren, die uns über einen längeren Zeitraum das Gefühl einer tiefen Zufriedenheit und des Angekommenseins schenken: ein toller Beruf, eine harmonische Partnerschaft, die Geburt eines Kindes oder ein erreichtes Ziel. Auch besondere Momente lassen in uns wahre Lebensfreude aufkommen: gut Gelungenes, selbst Geschaffenes, die Umarmung eines lieben Menschen, das Erblicken von etwas Schönem und Herzerwärmendem.

Ebenso nährt das bewusste Genießen die Lebenslust. Denn Genuss ist verbunden mit körperlichem oder geistigem Wohlbehagen. Deshalb sollten wir uns zu regelmäßigen Genussmomenten entschließen. Schon Eduard von Bauernfeld – ein Schriftsteller, der im 19. Jh. in Wien lebte – war überzeugt: »Es braucht zu allem ein Entschließen, selbst zum Genießen.«

Allein mit dem Entschluss ist es jedoch nicht getan. Genuss erfordert Zeit. Wenn wir uns eilig an einen geschmackvoll gedeckten Tisch voller Köstlichkeiten setzen und uns nur fünf Minuten gönnen, keimt sicherlich kein prickelnder Genussmoment auf.

Nebenbei genießen funktioniert nicht. Um beim Beispiel zu bleiben: Lesen wir während des Essens Zeitung oder lassen den Fernseher laufen, dann wird die intensive Sinneswahrnehmung der Gaumenfreuden eingeschränkt.

Wir haben es größtenteils selbst in der Hand, inwieweit Lebensfreude und Genuss in unserem Alltag Platz finden.

Im Himmel

Beatrice von Weizsäcker

Der Himmel hat mich schon als Kind beschäftigt. Ich erinnere mich gut noch an eine Nacht, die ich mit einer Schulfreundin draußen verbrachte, wir waren vielleicht zehn, elf Jahre alt. Wir lagen im Garten ihrer Eltern und schauten in den Himmel. Wir sprachen kein Wort. Je länger wir dort lagen, desto mehr konnten wir sehen. Als die Eltern schließlich das Licht im Haus löschten und unsere Augen sich an die Dunkelheit gewöhnten, die dunkler und dunkler wurde, sahen wir immer neue, funkelnde Sterne. Zum ersten Mal in meinem Leben wurde mir bewusst, dass das Weltall keine Grenzen hat und keinen Horizont, sondern nur unendliche Weite. Zum ersten Mal wurde mir bewusst, wie klein die Erde ist und wie winzig ich bin. Wie unbedeutend.

Und mir wurde mulmig.

Ich dachte, wie sonderbar es doch war, dass wir dort liegen und in den Himmel schauen konnten, ohne hineinzustürzen. Was, wenn die Erdanziehung ihre Kraft verlöre und ich in die Dunkelheit fiele? Und verschwinden würde im Sternenmeer? In der Unendlichkeit. Im Nichts. Verschluckt vom finsteren Firmament, wie ein winziges Staubkörnchen.

Und Panik überfiel mich.

Das sollte der Himmel sein?

Bald wusste ich, dass das nicht passieren konnte. Und mein Verhältnis zum Himmel normalisierte sich. Sehr viel später kam eine neue Erinnerung hinzu. Eine ganz andere.

Es war an meinem ersten Geburtstag nach dem Tod meines Bruders Andreas. Zwei Monate war es her, und die Trauer hatte um keinen Deut nachgelassen. Wir waren in Südtirol, zu zweit, denn nach anderen Menschen war uns nicht zumute. Es war kurz vor Mitternacht, nur Sekunden vor »meinem Tag«. Ich stand auf dem Balkon und rauchte, wie Andreas und ich es zusammen immer getan hatten. Ich schaute in den Himmel und flüsterte: Wo bist du? Da sah ich eine Sternschnuppe, wie ich sie noch nie gesehen hatte. Hell und klar leuchtete sie. Eine halbe Ewigkeit zog sie in der Dunkelheit ihre Bahn,

als hätte der Bruder geantwortet. Und ich lachte und weinte und pustete den Rauch in seine Richtung. Er war auf einmal da, mein Bruder, ganz plötzlich und auf eine Weise überraschend, wie nur er es vollbringen konnte.

Seither liebe ich den Himmel. Ich mag ihn bei Tag und bei Nacht, bei Wind und Wetter, egal, Hauptsache Himmel. Denn dort ist der Bruder. Zusammen mit unserem anderen Bruder. Eines Tages werde hoffentlich auch ich dort sein. Zusammen mit den beiden.

Seither blicke ich jedes Jahr um diese Zeit in den Nachthimmel, wenn er klar ist und der Blick frei. Und immer sehe ich eine Sternschnuppe. Manchmal auch zwei. Eine von Andreas. Eine von Fritz.

Dann weiß ich, dass sie feiern, dass sie meinen Tag feiern.

Lukas Bärfuss schrieb in seinem bewegenden Buch *Koala,* in dem es um den Suizid seines Bruders geht: »Die Dinge, ... die sich im Leben an die Person binden, um die man sich bemüht, damit sie nicht verloren gehen, mit denen wir uns umgeben und an denen uns die anderen erkennen, lösen sich nach dem Tod von den Menschen, es ist, als würde ein Stern erlöschen. Die Planeten, die er an sich gebunden hat, lösen sich aus der Verbindung, sie entfernen sich von ihrem Zentralgestirn, und ihre Materie wird gleichmäßig im Universum verteilt.«

Das geht mir ganz anders.

Die Dinge, mit denen ich mich umgebe, ein Filzhund von Fritz, den wir nach dem 19. November 2019 in seinem Schreibtisch fanden, das Schlittschuhpaar »An den Nagel gehängt« von Andreas, Dinge, die schon zu Lebzeiten der Geschwister zu ihnen gehörten, sind durch ihren Tod nur noch enger mit ihnen verbunden. Sie sind eine untrennbare Ver-

bindung zwischen ihnen und mir. Es sind Habselig-
keiten, wortwörtlich, Dinge, die ich habe – und die
mich selig machen.

Da ist kein Stern erloschen, da löste sich kein Planet
aus der Verbindung, da verteilte sich nichts im Universum. Es sind Sterne, die vom Leben der Brüder
erzählen. Es sind Sterne, die mein Arbeitszimmer
hell erleuchten. Am Tag und in der Nacht.

Das ist der Himmel.

Das richtige Wort

Vertrauen lernen

Es ist sehr gut denkbar, dass die Herrlichkeit des Lebens um jeden und immer in ihrer ganzen Fülle bereitliegt, aber verhängt, in der Tiefe, unsichtbar, sehr weit. Aber sie liegt dort, nicht feindselig, nicht widerwillig, nicht taub. Ruft man sie mit dem richtigen Wort, beim richtigen Namen, dann kommt sie. Das ist das Wesen der Zauberei, die nicht schafft, sondern ruft.

Franz Kafka

Auf sein Wort hin

Wolfgang Öxler

Die Jünger gingen zum Fischen an den See von Ti-
berias. Doch sie blieben in jener Nacht erfolglos.
Da trat Jesus ans Ufer, den sie aber nicht erkannten,
und sagte zu ihnen: »Werft das Netz auf der rechten
Seite des Bootes aus, und ihr werdet etwas finden.«
Sie folgten dem Wort Jesu, und ihre Netze waren
plötzlich übervoll mit Fischen. Da sagte der Jünger,
den Jesus sehr liebte, zu Petrus: »Es ist der Herr!« Als
Simon Petrus das hörte, gürtete er sich das Gewand
um und sprang in den See. (nach Johannes 21)
Die Jünger gehen fischen. Der Alltag ist eingekehrt.
Irgendwie muss das Leben nach Jesu Tod ja weiter-
gehen. Der Evangelist schildert die Situation der
damaligen Johannes-Gemeinde. Die Nacht ist dabei
ein Bild für die Orientierungslosigkeit der damaligen
Gemeinde. Die Fischer haben die Segel gestrichen,
ihre Träume begraben und besteigen mutlos ihr al-
tes Boot. Auch in unserer Zeit gibt es Momente, in

denen man nicht weiß, woran man sich orientieren soll und »die Luft raus« ist. Da gibt es so mancherlei Spannungen und Reibereien.

Es gibt kein Leben ohne Enttäuschungen. Ent-täuschung heißt im Wortsinn: Die Täuschung wegnehmen. Die Jünger gehen fischen, bleiben aber zunächst erfolglos. Wer seine Arbeit gottvergessen tut, verliert oft auch jeglichen inneren Bezug zu ihr. Der Unbekannte macht ihnen Mut: »Werft eure Netze auf der rechten Seite des Bootes aus, und ihr werdet fündig.« Die Aufforderung scheint widersinnig zu sein. Wie sollten auf der anderen Seite des Kiels Fische sein, wenn doch direkt daneben kein einziger zu fangen war? Aber in der Gegenwart Jesu fassen die Jünger plötzlich Vertrauen. Und mit ihrem Vertrauen nehmen sie auch mich an die Hand, als wollten sie sagen: Versuch es, auch wenn du dir nicht vorstellen kannst, dass es gelingt! Nimm die kleinen Zeichen der Hoffnung wahr, die Großes bewirken können. Beten wir, dass unser Vertrauen größer ist als unsere Angst.

Die rechte Seite war im Altertum die positive Seite. Der Auftrag an Petrus, es auf der »rechten Seite« noch einmal zu versuchen, kann für uns heißen, dass wir ermutigt durch die Kraft Jesu mit positiver, hoffnungsvoller Einstellung an unsere Aufgabe herangehen. Jesus ruft die Jünger zu einem Seitenwechsel auf. Die unbeachtete Seite meines Lebens in den Blick nehmen und mal etwas tun, was vielleicht sogar mir selbst verrückt erscheint. Mitmenschen nicht mehr gewohnheitsmäßig einordnen. Sätze wie »Das haben wir schon immer so gemacht!« infrage stellen. Mich von alten Gewohnheiten lösen. All das könnte gemeint sein, wenn Jesus uns auffordert, unser Netz auf der rechten Seite auszuwerfen.

Den Jüngern beginnt zu dämmern, wer da zu ihnen spricht. »Es ist der Herr!« Daraufhin bekleidet sich Simon Petrus und springt ins Wasser. Vielleicht will er seine Blöße bedecken. Doch in Jesus hat er ein Gegenüber, vor dem er sich nicht schämen muss.

Wenn ich weiß, wer am anderen Ufer steht, kann ich mich meinen Abgründen stellen. Die eigene Lebensfülle hat etwas damit zu tun, ob ich Jesus erkenne. Er erwartet uns am Ufer des ewigen Lebens. Er ist schon dort, wohin wir mit unserem Lebensboot noch unterwegs sind.

Auf sein Wort hin werfen sie doch noch einmal das Netz aus. Sein Wort führt uns von der Leere zur Fülle und von der Vergeblichkeit zum Sinn. Sein Wort ist entscheidend, sein Wort wendet das Leben, sein Wort erfüllt die Herzen der Jünger und gibt ihnen Glauben und Vertrauen auch in das scheinbar Unmögliche zurück.

Sein Wort kann auch deinem Leben eine Wende geben!

Vom Vertrauen

Susanne Niemeyer

Als Gott fertig war mit der Welt, schaute er sich genau um, ob er auch nichts vergessen hatte. Es gab Gänseblumen, Wassertoiletten, hohe Berge, Federhalter, Zwergkaninchen, Espressokannen und einige andere nützliche Dinge. Alles in allem war Gott sehr zufrieden. »Hier müsste es sich leben lassen«, fand er, knipste das Licht an und ließ den Dingen ihren Lauf.

Wie das bei neuen Dingen so ist, gab es anfangs einige Reklamationen. Manches lief noch nicht ganz rund, und Gott versuchte, das schnellstmöglich zu beheben. Die Vulkanausbrüche reduzierte er und die Sonneneinstrahlung regelte er etwas moderater.

Manchmal fanden sich die Bewohner mit der Handhabung der Welt nicht zurecht, doch auch dafür hatte Gott Verständnis. Es waren eben Menschen.

Zu wundern begann sich Gott erst, als nach einigen tausend Jahren die Anzahl der Beschwerden immer noch nicht abnahm. Das war sonderbar. »Man sollte doch meinen, dass die Menschen mittlerweile mit der Welt vertraut wären«, murmelte Gott, während er ein weiteres Mal dem Aufgang der Sonne zusah und sich nicht erwehren konnte, seine Schöpfung für sehr gelungen zu halten. Er rückte seinen Stuhl zurecht und kaum dass er saß, klingelte es. Die Leute riefen zu jeder Zeit an. Manchmal wegen kleinster Kleinigkeiten, sodass Gott an sich halten musste, um nicht einfach zu rufen: »Nehmt die Sache selbst in die Hand!« Aber er hatte sich nach einigen anfänglichen Zornesausbrüchen Geduld auferlegt, nachdem ihm zugetragen wurde, wie einschüchternd er gewirkt hatte.

Also nahm er den Hörer ab und meldete sich mit einem freundlichen »Ja?«.

»Hallo? Ist da Gott?«

»Ja«, antwortete Gott schlicht,
denn er war es ja.

»Wirklich?«, der Anrufer zögerte
einen Moment. »Sie wollen mich nicht
veräppeln, oder?«

Er klang misstrauisch. Gott hatte sich bereits daran
gewöhnt. Niemand schien damit zu rechnen, dass
er tatsächlich antworten würde, wenn man ihn an-
rief. Manchmal war er geneigt, darüber gekränkt zu
sein. Er fragte sich, wer sein Dasein eigentlich ernst
nahm. Tatsächlich hatte er schon erwogen, ein Bild-
telefon einzusetzen, es dann aber wieder verworfen,
weil sie ihm dann erst recht nicht glauben würden.
Die Menschen hatten nämlich etwas eingeschränk-
te Bilder von ihm. Eine Zeit lang kursierte eines von
einem älteren Herrn mit üppigem Vollbart, das er
persönlich scheußlich fand. Es war ihm ein Rätsel,
wer es in die Welt gesetzt hatte. Eine gute Idee da-
gegen war das Kinderbild von ihm. Doch schon bald
musste er einsehen, dass die Menschen es zwar

niedlich fanden, aber nicht ernst nahmen. Seitdem hatte er die Sache mit den Bildern aufgegeben und setzte auf sein Wort.

»Ja«, antwortete er also, »ich bin's.«

»Gut, hören Sie, ich weiß nicht, was ich tun soll. Hanns-Martin hat um meine Hand angehalten.«

»Schön!«

»Ja, also, Hanns-Martin ist mein Freund, müssen Sie wissen, seit sieben Monaten schon, er arbeitet bei der Bank und ...«

»Ich weiß, wer Hanns-Martin ist«, unterbrach sie Gott.

»Ach? Na so was. Jedenfalls: Ich weiß nicht, ob ich ja sagen soll.«

Gott wusste nichts Negatives über Hanns-Martin, alles in allem hielt er sich sehr redlich.

»Warum denn nicht?«, fragte er also.

»Weil man nie weiß. Was, wenn er mich in fünf Jahren betrügt und mit den Kindern sitzen lässt? Vielleicht hinterlässt er sogar Schulden. Oder ich entdecke, dass er bereits eine Familie hat, inklusive Schäferhund. Womöglich hat er außerdem eine bislang unentdeckte Erbkrankheit und die Kinder müssen mit seinem frühen Tod leben, weil die Behandlungskosten so hoch sind, dass ich sie niemals aufbringen würde!« Die Stimme der Frau hatte einen immer schrilleren Klang bekommen. Gott versuchte, freundlich zu antworten, obwohl er sich fragte, ob die Frau bei Sinnen war.

»Das alles scheint mir unwahrscheinlich, aber ich kann Ihnen leider auch nicht das Gegenteil garantieren.«

»Aber das sollten Sie können!«

»Tut mir leid ...«, antwortete Gott und die Frau legte auf.

Gott war ein bisschen unzufrieden, denn er hätte ihr wirklich gern geholfen. Bevor er jedoch weiter darüber nachgrübeln konnte, rief ihn schon der Nächste

an. »Ja, hier Gott«, meldete sich Gott in der Hoffnung, damit die Einleitung zu verkürzen.

»Gut, dass du da bist, hier ist Bernd.«

Das fing ja schon mal besser an, fand Gott, denn Bernd schien ein innigeres Verhältnis zu ihm zu haben. Zumindest duzte er ihn.

»Mir wurde gekündigt!«

»Oh«, antwortete Gott. »Das tut mir leid.«

»Das hättest du verhindern können!«

»Bedaure, nein«, antwortete Gott wenig diplomatisch.

»Was soll ich denn jetzt machen?«, rief der Mann.

»Das wird sich finden«, antwortete Gott und war davon überzeugt.

Bernd nicht. »Ich bin jeden Sonntag in die Kirche gegangen, außer vor drei Wochen, weil da Kegelausflug war. Willst du mir das etwa übelnehmen?« Gott beeilte sich zu verneinen, denn Kegelausflüge waren eine feine Sache.

»Was also dann? Ich bete vor dem Essen. Bananen kaufe ich aus fairem Anbau und ich fluche selten!«

Gott wusste nicht, wie das mit der Kündigung zusammenhing, deshalb sagte er entschuldigend: »Ich bin keine Versicherung.«

»Das habe ich gemerkt!«, rief Bernd und legte auf.

Es kamen noch 634 weitere Anrufe an diesem Vormittag.

Die meisten Anrufer wollten Garantien irgendwelcher Art: ein langes Leben, gesunde Kinder, abbezahlbare Raten, einen Lottogewinn verbunden mit dem Versprechen, ein Achtel zu spenden.

Schließlich erhob sich Gott ärgerlich. So ging das nicht weiter! Hatte er tatsächlich etwas übersehen? Nachdenklich verschwand er in den Tiefen des Himmels. Als er zurückkam, hielt er etwas in den Händen, das er Vertrauen nannte. Es war klein und unscheinbar, jedoch keineswegs leicht. »Das können sie sich abholen«, murmelte er, stellte eine Kiste auf die Erde und legte sein Vertrauen hinein. »Zu verschenken«, schrieb er daneben und verschwand in den Himmeln, denn er fühlte sich sehr gut vertreten.

Wie Vertrauen wächst

Anselm Grün

Als junger Priester habe ich oft Besinnungstage für Schulklassen gehalten. Die Schüler und Schülerinnen waren zwischen 15 und 18 Jahre alt. Meistens habe ich das Thema »Vertrauen« genommen mit den drei Bereichen: Selbstvertrauen, Vertrauen zum anderen und Vertrauen auf Gott. Vor allem die beiden ersten Themen haben die Jugendlichen immer brennend interessiert. Die einen litten darunter, dass sie so wenig Selbstvertrauen hatten. Sie trauten sich nicht, in der Gruppe ihre eigene Meinung zu sagen, aus Angst, sie könnten lächerlich gemacht werden oder sie könnten sich blamieren, weil das, was sie sagten, nicht gut genug sei. Andere litten unter dem mangelnden Vertrauen in der Schulklasse. Ihnen war es wichtig, in der Klasse eine Gemeinschaft zu erfahren, in der man sich wohl fühlt und in der man einander vertrauen kann. Aber häufig erlebten sie, dass es einige Gruppierungen in der Klasse gab. In der einen

Gruppe sprach man über die anderen schlecht. Ein beliebtes Gesprächsthema war, sich über andere zu amüsieren und über sie alles Mögliche zu verbreiten. Das schuf dann ein Klima des Misstrauens. Man traute sich gar nicht mehr offen zu sein, aus Angst, die andere Gruppe könnte die eigenen Worte und Erfahrungen breittreten. Die Jugendlichen wünschten eine Atmosphäre des Vertrauens. Aber sie taten sich zugleich schwer, sie zu schaffen. Sie erhofften von den Besinnungstagen, dass das Vertrauen in der Klasse wächst. Aber man kann Vertrauen nicht von den anderen einfordern. Es muss wachsen. Manchmal gelang es, dass die Tage die Schüler näher zusammenführten. Aber das direkte Gespräch über das mangelnde Vertrauen in der Klasse half meistens nicht weiter. Denn dann fühlten sich andere angegriffen. Sie verteidigten sich und schoben die Schuld für das mangelnde Vertrauen auf die anderen.

Mein Weg, Vertrauen zu vermitteln, ging über die gemeinsame Erfahrung. Ich ließ die Schüler und Schülerinnen einfach Übungen machen. Eine beliebte Übung war: Wir saßen alle im Kreis. Ich nahm meinen Kugelschreiber und drehte ihn, bis er auf jemand zeigte. Der musste sich dann für zwei Minuten in den Kreis setzen. Jeder, der wollte, konnte dann sagen: »Ich finde gut an dir ...«. Allein die Blickrichtung auf das Gute im anderen erzeugte allmählich ein gutes Klima. Selbst Leute aus der eher abgelehnten Gruppe sagten ehrlich positive Sätze. Und wir machten andere Übungen. Wir meditierten schweigend miteinander. Oder wir machten die Vertrauensübung, in der einer sich in die Mitte der Gruppe stellte und sich einfach nach rechts und links fallen ließ. Die Gruppe musste ihn auffangen. Auch hier wagte es keiner, den anderen nicht gut zu behandeln. Die Übung weckte in jedem den guten Kern. Er wollte in der Gruppe gut dastehen. Aber er wollte auch dem, der sich fallen ließ, nicht schaden. Durch die gemeinsame Erfahrung wächst Vertrauen. Und es wächst, indem ich der Gruppe und den anderen etwas zutraue. Durch moralisches Einklagen von Vertrauen schaffe ich nur Widerstand.

Diese Erfahrung in den Schulklassen können wir auch auf andere Gruppierungen übertragen. In Firmen spricht man davon, dass man vertrauensbildende Maßnahmen ergreifen müsse. Manche meinen, sie könnten Vertrauen einfach schaffen. Aber Vertrauen wächst nur, wenn ich selbst Vertrauen hineingebe, wenn ich den Mitarbeitern vertraue und ihnen etwas zutraue. Mein Vertrauen ist die Voraussetzung, dass Vertrauen um mich herum entstehen kann. Wenn eine vertrauensbildende Maßnahme als zu gewollt erfahren wird, ruft sie nur Verstimmung hervor: Man spürt die Absicht und ist verstimmt. Ich kann mir überlegen, wie das Vertrauen in einer Firma wachsen kann. Sicherlich nicht durch noch mehr

Kontrolle. Ich brauche kreative Wege, um Vertrauen zu schaffen. Ich traue verschiedenen Menschen eine gemeinsame Aufgabe zu und begleite sie dabei. Die Gruppe wird schnell merken, ob ich ihnen wirklich vertraue und etwas zutraue oder ob das nur ein Trick ist. Vertrauen lässt sich nicht durch Tricks schaffen, sondern nur, indem ich Vertrauen in die anderen investiere. Dann darf ich vertrauen, dass auch in ihnen und unter ihnen das Vertrauen wächst.

Mut zur Lücke

Wolfgang Öxler

»Mind the gap«, so der Wortlaut eines Sicherheits-hinweises, der an den Stationen der Londoner U-Bahn zu hören ist. »Achten Sie auf die Lücke!« Es soll die Zugpassagiere vor dem Spalt zwischen dem Bahnsteig und den Türschwellen der Bahn warnen. Dieser Warnhinweis lässt sich auf das Leben über-tragen. Leerstellen können auf Wichtiges hinweisen. Wenn Partnerschaften zerbrechen, eine Lücke ent-steht, wird spürbar, wie sehr der geliebte Mensch an der Seite fehlt. Die Leere zeigt uns schmerzlich auf, was verloren gegangen ist und was wir uns für ein erfülltes Leben wünschen.

Zwischenräume sind wichtige Stationen, die uns die Möglichkeit geben, gereift aus ihnen hervorzuge-hen. Es gilt, die Leere auszuhalten. Es lohnt sich, den Raum zwischen den Räumen zu erforschen, ohne achtlos über ihn hinwegzugehen. Nicht gleich den nächsten großen Schritt machen, sondern aufmerksam sein: Was geschieht da eigentlich im Bereich von »nicht mehr« und »noch nicht«?

Wenn das Neue noch nicht da ist und das Alte nicht mehr zu greifen. In Zwischenräumen kann Neues wachsen. Denn es sind diese Übergangszeiten des Dazwischen, die uns den Freiraum geben, darüber nachzudenken, was war und was kommen wird. Dieses Dazwischen ermöglicht Bewegung und hält uns wach. Wären alle Zwischenräume gefüllt, was dann? Um beim Bild der U-Bahn zu bleiben: Stillstand. Zukunft entsteht, wenn in der Gegenwart Lücken bleiben. Für den Perfektionisten sind diese Leer- und Zwischenräume kaum auszuhalten. Er will alles genau planen und keine Unwägbarkeiten zulassen. Wo unsere Welt berechenbar und verfügbar gemacht wird, geht das Lebendige verloren. In diesem »Niemandsland« können wir neue Aufgaben und Herausforderungen erkennen und annehmen, die unserem Leben einen tieferen Sinn geben.

In der Musik gibt es den Raum zwischen zwei Tönen. Die kleine Pause am Ende des Ausatmens. Wer schon einmal im Kloster war, hat das Psalmensingen kennengelernt. Da trägt der Leerraum sogar einen Namen: Asteriskus, Sternchen. So ist das Leerzeichen auf dem Notenblatt markiert. Auch im Kirchengesangbuch soll das Sternchen den Betenden dazu anhalten, eine Atempause einzulegen, innezuhalten. Erst dann soll er weitersingen. Wie wohltuend es ist, diese kleine Pause zu erleben. Das eben Gesungene hallt in der Stille nach, ich verinnerliche es und verweile, bevor es weitergeht. So stellt sich Ruhe ein, der Herzschlag wird langsamer, der Atem gleichmäßig. Die Leere mit Doppel-e ist ein Prinzip des Lebens. Und mir scheint, wer es verletzt, der verkennt eine wichtige Lehre des Lebens.

Anhang

Quellenverzeichnis

Alle Quellentexte sind, wenn nicht anders angegeben, im Verlag Herder, Freiburg im Breisgau, erschienen.
© Verlag Herder GmbH, Freiburg im Breisgau

Hanna Buiting, Schreiben ist Gold. Eine Einladung zu Kreativität und Achtsamkeit, 2022

Hermann Glettler, Dein Herz ist gefragt. Spirituelle Orientierung in nervöser Zeit, 2022

Anselm Grün, 33 Helferengel für jede Lebenslage. Auf himmlischen Flügeln zu neuer Leichtigkeit, 2022

Anselm Grün, Jeder Tag ein Weg zum Glück, 2021

Anselm Grün, Vertrauen schenken, Vertrauen stärken. Was unserem Leben Halt und Richtung gibt, 2019

Burkhard Heidenberger, Blütezeiten. Impulse für Entspannung und Lebensfreude, 2022

Hugo von Hofmannsthal, Gesammelte Werke in zehn Einzelbänden. Band 1: Gedichte, Dramen, Frankfurt a. M. 1979

Franz Kafka, Tagebücher 1910-1923, , Frankfurt a. M. 1986

Susanne Niemeyer, Soviel du brauchst. Sieben Sachen zum besseren Leben, 2021

Susanne Niemeyer, Wie lang ist ewig? Geschichten vom Trauern, Hoffen, Lieben, 2020

Yarito Niimura, Der Tausendfüßler, der das Laufen verlernte. Zen-Geschichten alter Meister, 2020

Novalis, Werke und Briefe. München 1968

Wolfgang Öxler und Andrea Göppel, Freie Räume für mehr Leben. Der Seele Weite geben, 2022

Wolfgang Öxler und Andrea Göppel, Haltestellen für die Seele. Gedanken für den Weg durchs Leben, 2021

Rainer Maria Rilke, Sämtliche Werke, Bd. 5, Frankfurt am Main 1975

Joachim Ringelnatz, Das Gesamtwerk in sieben Bänden, Bd. 1, Zürich 1994

Johann Roth, Wie eine große Tasse Tee. Geschichten, die das Herz erwärmen, 2017

Nina Ruge, Sonne für die Seele. Meine toskanischen Momente, 2022

Beatrice von Weizsäcker, Vaterunser. Gebet meiner Sehnsucht, 2023

Zen. Harmonie der Seele, 2017

Zhuang Zi, Vom Nichtwissen, 2013

Teresa Zukic und Jalid Sehouli, Himmel im Mund. Heilsamer Genuss für mehr Lebensfreude, 2022

Textnachweise

S. 12: Zen. Harmonie der Seele, 8

S. 13: Öxler, Freie Räume für mehr Leben, 76f

S. 16: Niemeyer, Soviel du brauchst, 20f

S. 20: Teresa Zukic, Himmel im Mund, 127–129

S. 27: Öxler, Freie Räume für mehr Leben, 50f

S. 30: Zhuang Zi, Vom Nichtwissen, 150f

S. 34: Hofmannsthal, Gesammelte Werke, Band 1, 109

S. 35: Ruge, Sonne für die Seele, 8

S. 38: Novalis, Werke und Briefe, 111

S. 41: Grün, Jeder Tag ein Weg zum Glück, 30–33

S. 45: Niemeyer, Soviel du brauchst, 17–19

S. 52: Rilke, Sämtliche Werke, Band 5, 173

S. 53: Ruge, Sonne für die Seele, 37

S. 56: Grün, 33 Helferengel, 55f

S. 60: Niimura, Der Tausendfüßler, der das Laufen verlernte, 116f

S. 63: Teresa Zukic, Himmel im Mund, 87–89

S. 70: Glettler, Dein Herz ist gefragt, 154f

S. 74: Ringelnatz, Das Gesamtwerk in sieben Bänden, Bd. 1, 332

S. 75: Niemeyer, Soviel du brauchst, 35–37

S. 80: Roth, Wie eine große Tasse Tee, 117

S. 82: Buiting, Schreiben ist Gold, 86–89

S. 89: Heidenberger, Blütezeiten, 14f

S. 91: von Weizsäcker, Vaterunser, 78–80

S. 98: Kafka, Tagebücher 1910-1923, 399

S. 99: Öxler, Haltestellen, 66–68

S. 103: Niemeyer, Wie lange ist ewig?, 77–81

S. 110: Grün, Vertrauen schenken, Vertrauen stärken, 40–42

S. 115: Öxler, Freie Räume für mehr Leben, 100f

Verzeichnis der Autorinnen und Autoren

Hanna Buiting, geb. 1992, ist freie Autorin, Journalistin und Kolumnistin und beschäftigt sich besonders gern mit der Verbindung von Sprache und Spiritualität, Schreiben und Seelsorge. In kreativen Schreibwerkstätten lädt sie Menschen dazu ein, ihrer eigenen Lebensgeschichte Wort für Wort auf die Spur zu kommen. Bei Herder: »Schreiben ist Gold. Eine Einladung zu Kreativität und Achtsamkeit« (2022).

Hermann Glettler, geb. 1965, studierte Theologie und Kunstgeschichte und wurde 1991 zum Priester geweiht. Seit 2017 ist er Bischof von Innsbruck; er engagiert sich für zeitgenössische Kunst und erregt durch seine originellen Aktionen und mitreißenden Predigten immer wieder große Aufmerksamkeit. Bei Herder: »Dein Herz ist gefragt. Spirituelle Orientierung in nervöser Zeit« (2022).

Anselm Grün, geb. 1945, Dr. theol., Benediktiner und Verwalter der Abtei Münsterschwarzach; geistlicher Berater, Begleiter und weltweit populärster christlicher Autor unserer Tage. Seine Bücher zur Spiritualität und Lebenskunst haben Millionenauflagen erreicht. Zuletzt bei Herder u.a.: »Im Wandel wachsen. Wie wir freier, authentischer, gelassener und hoffnungsvoller werden können«. Im Internet: www.einfach-leben-brief.de

Burkhard Heidenberger ist gebürtiger Südtiroler und lebt mit seiner Familie in Wien. Er ist Trainer für Arbeitsmethodik, Stress- & Zeitmanagement sowie Gründer und Betreiber des ZEITBLÜTEN-Portals (www.zeitblueten.com), wo er Tipps und Impulse gibt und seine Erfahrungen rund um die Themen Entspannung, Wohlfühlen und Zeitmanagement mit den Lesern teilt. Zuletzt bei Herder: »Blütezeiten. Impulse für Entspannung und Lebensfreude« (2022).

Hugo von Hofmannsthal, 1874–1929, österreichischer Schriftsteller, Dramatiker, Librettist und Lyriker, der zu den Mitbegründern der Salzburger Festspiele zählt.

Franz Kafka, 1883–1924, deutschsprachiger Schriftsteller, dessen Werk zum Großteil erst posthum veröffentlicht wurde.

Susanne Niemeyer, geb. 1972, ist freie Autorin, Kolumnistin und Bloggerin (www.freudenwort.de). Vorher war sie viele Jahre Redakteurin bei »Andere Zeiten«. Auf ihren kreativen Schreibreisen nach Schweden, Mallorca oder in die Alpen sammelt sie neue Ideen und inspiriert andere dazu, eigene Geschichten zu schreiben. Von ihrem Fenster im dritten Stock sieht sie den Hamburger Himmel. Zuletzt bei Herder: »Soviel du brauchst. Sieben Sachen zum besseren Leben« (2021).

Yarito Niimura, Autorenpseudonym einer in Deutschland lebenden japanischen Autorin und Übersetzerin mit einer besonderen Liebe zu Zen und Bonsai-Bäumen. Zuletzt bei Herder: »Der Tausendfüßler, der das Laufen verlernte. Zen-Geschichten alter Meister« (2020).

Novalis, 1772–1801, eigentlich Georg Philipp Friedrich von Hardenberg, deutscher Dichter und Philosoph der Frühromantik.

Wolfgang Öxler, geb. 1957, ist 1980 in den Benediktinerorden von St. Ottilien eingetreten, seit 1988 Priester und seit 2013 Erzabt von St. Ottilien. Der Leitspruch des Diplomtheologen und Musikers lautet: »Gottesvoll den Menschen nah.« Zuletzt bei Herder zusammen mit Andrea Göppel: »Freie Räume für mehr Leben. Der Seele Weite geben« (2022).

Rainer Maria Rilke, 1875–1926, ist einer der größten deutschsprachigen Autoren am Anfang des 20. Jahrhunderts. Bei Herder: »Geschichten vom lieben Gott« (2021).

Joachim Ringelnatz, 1883–1934, eigentlich Hans Gustav Bötticher, deutscher Schriftsteller, Kabarettist und Maler, der vor allem für humoristische Gedichte um die Kunstfigur Kuttel Daddeldu bekannt ist.

Johann Roth, geb. 1951, lebt nach langen Jahren als Übersetzer und Privatgelehrter nun mit Frau, zwei Katzen und fünf Heidschnucken in einem kleinen Dorf auf dem Hunsrück. Bei Herder: »Wie eine große Tasse Tee. Geschichten, die das Herz erwärmen« (2017).

Nina Ruge ist studierte Biologin und Journalistin. Sie moderiert regelmäßig Kongresse und Podiumsdiskussionen zu Themen aus Forschung und Wissenschaft. Aus Nachrichtensendungen und erfolgreichen Formaten wie »Leute heute« ist Nina Ruge einem großen Publikum bekannt. Sie ist Autorin mehrerer populärwissenschaftlicher Bücher. Zuletzt bei Herder: »Sonne für die Seele. Meine toskanischen Momente« (2022).

Beatrice von Weizsäcker, geb. 1958, Dr. jur., ist Juristin und Publizistin. Seit 2003 lebt sie als freie Autorin in München. Sie spricht und schreibt regelmäßig für den Bayerischen Rundfunk und evangelisch.de. Weizsäcker, langjähriges Präsidiumsmitglied des evangelischen und des ökumenischen Kirchentags, trat Anfang 2020 zum katholischen Glauben über. Zuletzt bei Herder: »Vaterunser. Gebet meiner Sehnsucht« (2023).

Ying-an, 1103-1163, chinesischer Zen-Patriarch.

Schwester Teresa Zukic, geb. 1964, ist Mitbegründerin der »Kleinen Kommunität der Geschwister Jesu« und eine der bekanntesten Ordensschwestern Deutschlands. Sie ist eine gefragte Rednerin und Autorin von Bestsellern wie »Die Seele braucht mehr als Pflaster« (Herder 2017). Als sie 2020 an Krebs erkrankte, entschied sie sich dafür, in den sozialen Medien offen über die Höhen und Tiefen ihrer Erkrankung zu berichten. Zuletzt bei Herder zusammen mit Jalid Sehouli: »Himmel im Mund. Heilsamer Genuss für mehr Lebensfreude« (2022).

Zhuang Zi, ca. 365–290 v. Chr., chinesischer Philosoph und Dichter. Bei Herder: »Vom Nichtwissen«. Ausgewählt und übersetzt von Wolfgang Kubin (2013).

Umschlaggestaltung: Verlag Herder

Umschlagmotiv: © Sri Hartami/iStock/GettyImages

Vignetten im Innenteil: © Mimi Art Smile/GettyImages

Satz: Arnold & Domnick, Leipzig

Herstellung: GGP Media GmbH, Pößneck

Printed in Germany

ISBN 978-3-451-39484-3